NON CONSENTANTE

Groupe Eyrolles
61, bd Saint-Germain
75240 Paris Cedex 05

www.editions-eyrolles.com

ISBN : 978-2-212-54962-1

Céline Robert

NON CONSENTANTE

EYROLLES

Pour des raisons d'anonymat, certains lieux, prénoms et dates ont été modifiés.

1

L'agression

Avril 1996, mercredi

Cela fait deux jours que les cours ont repris, après les vacances de Pâques. Aujourd'hui, mercredi, j'ai décidé de reprendre le dessus. Tout finira bien par s'arranger. Depuis quelques semaines, mon petit ami, Pascal, a ressenti le besoin de prendre le large. Il souhaite prendre du recul pour réfléchir. C'est seulement avant-hier, le jour de la rentrée, qu'il m'a confirmé sa décision de rompre, me laissant anéantie.

– J'ai besoin de toi, pourquoi tout arrêter ? Tout allait si bien… lui avais-je demandé, avec cette impression atroce que ma gorge était gonflée et ma vue, entièrement brouillée.

Pascal s'était montré catégorique.

– Pour le moment, tout va beaucoup trop vite pour moi. On ne se quitte déjà plus alors que j'ai besoin de mon indépendance. J'ai besoin de moments de solitude, tu comprends ?

Nous avions passé un long moment à discuter ainsi, jusqu'à ce qu'il me demande de partir et de le laisser seul.

J'étais rentrée abattue dans mon petit deux-pièces. Je suis étudiante en deuxième année dans une école de commerce en province, relativement loin de chez mes parents, qui habitent près de Cherbourg. La plupart de mes camarades viennent également des quatre coins de la France.

J'étais vidée, mes larmes coulaient toutes seules. Jamais je ne m'étais sentie aussi désemparée, abandonnée. Pourtant, et je ne saurais expliquer pourquoi, j'avais l'intuition que cela ne pouvait pas être définitif. Pas après ce que nous avions vécu et partagé ensemble. Pas avec cet amour profond et évident qui nous unissait. L'un comme l'autre n'avions jamais éprouvé cela auparavant. J'ai rencontré Pascal l'année précédente, il était dans la même promotion que moi. Nous nous sommes d'abord observés, puis avons fini par sympathiser, jusqu'à devenir de très bons amis. Ce n'est qu'au bout d'un an environ que nos sentiments ont évolué. Puis tout est allé très vite. Dès le début de notre relation, quatre mois auparavant, nous avions l'impression de nous connaître depuis toujours. Je sentais au fond de moi que c'était avec lui que je désirais plus que tout passer ma vie. Quant à lui, il devait le savoir également, même s'il ne s'y sentait pas encore tout à fait prêt. J'étais intimement persuadée de tout cela.

C'est la raison pour laquelle, ce soir, je choisis de ne pas m'apitoyer sur mon sort, même si c'est difficile. J'ai 22 ans et autre chose à faire que geindre seule dans mon coin. Pour le moment, Pascal doit faire le point de son côté, et je ne peux pas forcer ses sentiments. Autant avancer. Je décide de me mettre à potasser mes cours.

Il est 21 h 15 quand je commence à attaquer avec gourmandise un sandwich jambon-beurre, mon préféré. J'allume ma chaîne hi-fi et laisse Francis Cabrel me chanter *Sarbacane*. Je m'apprête à m'installer devant mon ordinateur lorsque le téléphone sonne.

– Allô ! C'est Benoît. Tu vas bien depuis tout à l'heure ? Dis-moi, est-ce que je peux passer chez toi maintenant pour prendre le Minitel de Pascal ?

– Pas de problème, viens quand tu veux. Je travaille sur mon rapport de stage.

– D'accord, à tout de suite, le temps d'arriver.

Benoît, un ami de promo, habite à cinq minutes de chez moi.

Le Minitel. Pascal a donc oublié de le récupérer. Une vague de tristesse m'envahit brusquement. Quasiment dès le début de notre relation, nous faisions toujours tout ensemble et ne formions déjà plus qu'un. C'est d'ailleurs la cause de notre désaccord actuel. C'est surtout pour lui que cela semble difficile à supporter. De mon côté, je m'en accommodais très bien. Je me réprimande aussitôt, sans grande conviction.

– Allez courage, bosse, au lieu de sombrer dans tes rêveries.

Je me remets au travail, mais suis aussitôt interrompue par un coup frappé à la porte. Benoît.

– Entre, c'est ouvert, dis-je en tentant de couvrir la musique.

Mais personne n'entre et on frappe à nouveau. Je me lève alors en soupirant.

– Mais tu pouvais entrer ! Oh ! Bonsoir. Excusez-moi. J'attendais un ami et je pensais que c'était lui.

L'inconnu qui me fait face semble à peine plus âgé que moi, 25 ans maximum. Il est vêtu d'un jean, d'une veste et d'un polo uni. Ses cheveux sont courts, bien coupés, mais surtout, je remarque un strabisme important à son œil droit. C'est dommage pour lui, car le bleu sombre de ses yeux est plutôt joli, et bien qu'il arbore une barbe d'environ deux ou trois jours, il présente une allure tout à fait convenable.

– Bonsoir, Mademoiselle. Pardon de vous déranger aussi tard, mais je voudrais un renseignement. Voilà, je suis à la recherche d'un appartement à louer et j'aurais voulu savoir s'il y avait un concierge dans l'immeuble.

– Non, il n'y en a pas. Pour ma part, j'ai trouvé ce logement par l'intermédiaire d'une agence immobilière.

– Ah, très bien. Vous semblez au calme, ici, il ne doit pas y avoir beaucoup de passage.

– C'est vrai, c'est très paisible, je ne croise presque jamais mes voisins. Nous ne sommes que trois locataires dans cette partie de l'immeuble, et il n'y a plus de logement de libre.

– Je passerais bien à l'agence quand même, on ne sait jamais. Pouvez-vous me dire où elle se trouve ?

Je lui indique le nom et le chemin pour y accéder, ce sur quoi il prend congé poliment, en me remerciant pour les renseignements. Quelle idée étrange de chercher un appartement à une heure aussi tardive, quand même.

Quelques minutes plus tard, l'arrivée de mon ami Benoît me distrait encore. Ben est immense, un mètre quatre-vingt-douze, bourré d'humour et passionné d'informatique.

– Salut ! Je ne te dérange pas, au moins ? Je prends le Minitel et je file.

– Non, pas du tout. Tiens, juste avant que tu arrives, un type est venu me voir parce qu'il cherche un appartement à louer. Il m'a demandé le nom et l'adresse de l'agence immobilière. Il a dû me prendre pour une folle car quand il a frappé, je l'ai tutoyé en criant « Entre ! » J'étais persuadée que c'était toi qui arrivais !

– Il t'a dérangée à cette heure ? N'importe quoi ! Bon, allez, je te laisse travailler tranquille. Je file chez Pascal, on va rechercher des entreprises pour le stage de fin d'année. Avec le Minitel, c'est beaucoup plus pratique.

– Bon courage. Finalement, je pense que je ne vais pas tarder à arrêter de bosser et je vais en profiter pour me coucher de bonne heure, pour une fois. Je suis naze. De toute manière, la soirée est mal partie pour que j'avance beaucoup sur mon rapport de stage. Et puis je n'en ai pas trop envie, en réalité. À demain, bonne soirée.

– Bonne nuit et à demain, me salue-t-il en déposant une bise sur ma joue.

Je referme la porte à clé derrière mon ami. Cette fois, je ne devrais plus être dérangée. À moins évidemment que des copains passent boire un café à l'improviste, ce qui est assez fréquent dans notre promotion. La plupart de mes camarades habitant des studios, je suis assez souvent sollicitée pour recevoir. J'espère que ce ne sera pas le cas ce soir, je me sens vraiment fatiguée. Je repense à la visite de Benoît. Il avait l'air gêné de me dire qu'il allait chez Pascal. C'est une évidence, Benoît est un très bon ami à tous les deux, et il ne veut en aucun cas prendre part à notre différend.

J'essaie de travailler encore un peu, mais je n'ai pas la tête à ça. Pascal occupe mon esprit. Il me manque. J'ai la flemme de bosser. Je capitule rapidement et me décide à éteindre mon ordinateur et ma chaîne hi-fi. Comme tous les soirs, je vérifie que les doubles rideaux sont bien tirés, sans prendre la peine de fermer les volets. Mon domicile est situé au rez-de-chaussée, au fond d'une cour assez peu éclairée, elle-même séparée de la rue par un porche et une imposante porte en bois, dont chaque locataire détient la clé. Cette porte est généralement verrouillée la nuit, sauf négligence de l'un ou l'autre des habitants.

Quant à mon appartement, il est composé d'un séjour donnant sur la cour, d'une petite cuisine, d'une salle de bains, d'un w.-c. et d'une chambre avec un vasistas inaccessible qui donne sur les toits d'une arrière-cour. J'ai su l'arranger avec goût et cependant peu de chose. J'habite là depuis six mois et m'y sens vraiment bien. Beaucoup plus en sécurité que l'année scolaire précédente, en tout cas. À l'époque, je logeais dans un autre quartier de la ville. Vingt mètres carrés sous les toits, au-dessus d'une épicerie, avec les toilettes sur le palier. Mes parents m'avaient convaincue de déménager à la fin de ma première année d'études. L'endroit était très bruyant, assez mal famé, absolument pas sécurisant. Je n'étais pas rassurée quand je devais rentrer de nuit.

Lorsque j'ai intégré mon école, il m'a été très difficile de m'habituer à vivre en ville ; même si pourtant, j'avais la chance de disposer de mon propre appartement, d'une voiture et d'être constamment entourée d'amis. Jusqu'au jour où j'ai dû quitter la maison familiale pour venir faire mes études dans une nouvelle région, j'ai toujours vécu au calme, près de Cherbourg, en bord de mer, dans une grande maison de campagne pleine de bonheur.

Cela me manque souvent et j'apprécie de retourner un week-end sur deux chez mes parents. J'ai toujours adoré me balader sur la plage, nez au vent. Le bruit singulier des vagues qui remontent sur le sable résonne comme une mélodie apaisante et répand en moi une véritable sensation de liberté et de bien-être. Un pur bonheur.

Perdue dans mes pensées, je vais à la salle de bains et me déshabille. Je retourne dans ma chambre et m'apprête à me mettre au lit, lorsque de nouveau, on frappe à ma porte. Ce n'est pas vrai ! Qui vient encore me déranger aussi tard ?

C'est à la hâte et énervée que j'échange ma tenue de nuit contre un jean et un pull-over, puis me dirige vers la porte. Sans ouvrir, je demande :

– Qui est là ?

– Désolé de vous déranger, c'est encore moi, je suis venu tout à l'heure au sujet d'un appartement. Pouvez-vous m'ouvrir, s'il vous plaît ?

– Non, ça suffit maintenant. Il est tard, que voulez-vous savoir de plus ?

– J'ai essayé de trouver l'agence, mais je ne l'ai pas vue.

Je trouve la situation non seulement étrange, mais presque ridicule. C'est pourquoi, exaspérée mais désireuse d'en finir au plus vite, j'ouvre. L'inconnu de tout à l'heure me fait face, impassible. Je m'exprime sèchement, comme si un pressentiment me poussait à garder le contrôle.

– Bon et alors ? Je vous ai déjà expliqué le chemin, que voulez-vous que je fasse de plus ?

– Voilà, j'ai oublié le nom de la rue. Pouvez-vous me le noter sur un papier ?

– Oh ! Ce n'est pas possible, ras-le-bol !

Je ne cache plus mon mécontentement mais j'accepte quand même, sans trop savoir pourquoi.

– Bon, je vous note l'adresse vite fait, et vous me laissez tranquille.

– Merci beaucoup. Excusez-moi encore, mais puis-je aussi utiliser vos toilettes, s'il vous plaît ?

– C'est hors de question, vous êtes quand même gonflé !

Je lui tourne alors le dos pour me diriger vers mon bureau et y prendre un papier. Le mieux à faire est de le renseigner une dernière fois, comme il me le demande, et que nous en finissions avec cet absurde tête-à-tête. Tandis que je note cette foutue adresse, qu'heureusement j'ai en tête, je me rends compte que malgré mon refus, l'inconnu est entré dans mon appartement et s'est rendu aux toilettes. D'ailleurs, comment peut-il bien savoir où se trouvent les toilettes ? Le logement n'est pas bien grand, mais c'est quand même surprenant. Qu'il puisse ainsi entrer chez moi sans que je l'y ai invité me laisse quelques secondes bouche bée.

À cet instant précis, je ne sais pas encore que ma vie va basculer, mais j'éprouve une sensation inconnue. Une impression de danger, puis non, c'est même plus que ça, c'est une certitude qui tout à coup m'envahit. Un sentiment de peur naît rapidement en moi, une angoisse étrange, puis une panique bien réelle. Non, tout ça n'est pas normal.

Instinctivement, je cherche des yeux mon trousseau de clés de voiture. Du plus profond de mon âme, je suis persuadée que quelque chose ne tourne pas rond, qu'une catastrophe va se produire d'ici peu. De toute ma vie, je n'ai jamais été aussi sûre de quoi que ce soit d'autre. Je sens et je sais, avec un instinct quasi animal, que je dois prendre la fuite, et en même temps, je pense, sans grande conviction, que je suis peut-être complètement ridicule. Je ne peux tout de même pas quitter mon domicile en laissant un inconnu à l'intérieur ! S'il me voulait vraiment du mal, la fuite le mettrait sans aucun doute hors de lui et ce serait pire encore s'il me rattrapait. J'aperçois un vase posé près de mon bureau et il me traverse l'esprit de m'en emparer afin de pouvoir me défendre s'il tente de m'attaquer en sortant des w.-c. Finalement, non. Je suis incapable de réfléchir ou de prendre une décision sur l'attitude qu'il convient d'adopter. Cet essaim d'idées confuses défile dans ma tête en l'espace de quelques secondes uniquement.

Pourquoi est-ce que je ne me sauve pas ? Pourquoi est-ce que je ne cherche pas à me protéger d'un danger imminent ? La réponse est affreusement simple. Je reste clouée sur place parce que j'ai peur, terriblement peur. La panique s'est emparée de moi et me paralyse. La frayeur a totalement balayé ma raison, qui n'est plus qu'une parenthèse opaque.

Quelques instants plus tard, il réapparaît dans le couloir.

Je suis déjà prise de tremblements terribles, mais malgré tout, je tente de ne pas montrer mon effroi. L'homme a la main gauche dans la poche arrière de son jean et se dirige vers moi.

– Au fait, vous devriez faire attention quand vous tirez vos rideaux. Ils sont mal fermés en haut, et je vous ai vue vous déshabiller tout à l'heure.

Mon sang se glace. Il se fige dans mes veines et ne circule plus.

– Tu l'as fait exprès, salope !

Sa voix a soudainement changé, il est furieux. Puis il sort la main de sa poche arrière et brandit un couteau sous mes yeux. Apparemment un couteau de cuisine, avec une lame très grande, affûtée, impressionnante. En même temps, je m'aperçois qu'en sortant des toilettes, il a laissé sa braguette ouverte, et son sexe sorti de son pantalon, comme un serpent obscène.

Je suis terrorisée. La panique me tourne la tête, j'en ai un vertige. Cette fois, je ne peux absolument plus contrôler mes tremblements. Une envie de pleurer monte en moi mais les larmes restent coincées dans ma gorge sèche.

– Tu te tais, tu ne cries pas, ou je te découpe en rondelles, me menace-t-il en serrant les dents.

Je ne bronche pas. Mes yeux sont écarquillés, comme prêts à sortir de leur orbite. J'ai peur qu'il entende mon cœur cogner et que ça le dérange ou l'exaspère encore plus.

L'individu s'est posté devant la porte d'entrée, qu'il a laissée entrebâillée, et ne cesse de regarder, ou plutôt de surveiller, le palier, puis l'extérieur. Il semble nerveux, tendu, hors de contrôle…

Je ne sais pas à quoi m'attendre. Et si d'autres types venaient le retrouver ici ? Peut-être sont-ils toute une bande de voyous ? Dans ce cas, qu'adviendra-t-il de moi ? Je le pressens déjà mais ne veux pas imaginer la suite. Pourquoi cela m'arrive-t-il, à moi ? Pourquoi ce soir, alors que je suis seule chez moi ? Pourquoi Benoît n'est-il pas resté plus longtemps ? Pourquoi Pascal n'est-il plus ici, avec moi ? L'homme se tourne vers moi.

– Je suis poursuivi par les flics, ne bouge surtout pas, gronde-t-il.

Quelques minutes se succèdent ainsi, qui me semblent une éternité. Puis brusquement, se croyant sans doute hors de danger, il referme la porte et tourne la clé restée sur la serrure.

– C'est bon, ils ont perdu ma trace.

Brièvement, je ressens une lueur d'espoir en dépit de ma frayeur terrible. Peut-être est-il venu simplement ici par hasard, pour se réfugier quelques instants, le temps de fuir la police ? Il va donc repartir comme si de rien n'était. C'est ce que j'espère plus que tout, et, même si je n'y crois pas vraiment, je me raccroche comme une forcenée à cette éventualité. Mais alors, pourquoi a-t-il laissé son pantalon ouvert ? Rien n'est logique, mon cerveau ne fonctionne plus. Malheureusement, le regard plein de haine que me lance mon agresseur fait voler en éclats mes espoirs ridicules. Il s'approche de moi en me menaçant avec son couteau.

– Maintenant, déshabille-toi.

– Non, pas ça, s'il vous plaît, non, supplié-je.

– Fais ce que je te dis et je ne te ferai pas de mal, mais si tu l'ouvres ou si tu cries, je te tue avec ça, siffle-t-il en posant brutalement son couteau sur ma gorge.

Je sens la lame glacée sur ma peau.

– Dépêche-toi, mets-toi à genoux par terre. Et ne me regarde pas.

Je commence par ôter mon pull-over, puis mon pantalon, et m'agenouille. Mes tremblements se sont transformés en spasmes.

– Tout, retire tout, je te dis, ton slip aussi, et magne-toi !

Je cède. Il m'est impossible de réfléchir, de penser, j'agis de façon mécanique. Je suis tétanisée, glacée, tremblante mais plus de peur que de froid, bien que je sois entièrement nue à présent.

Je me sens rabaissée, humiliée de me trouver ainsi dans mon plus simple appareil, exposée par terre au beau milieu du séjour, comme un vulgaire objet, sous le regard bestial de ce salopard. Peut-être ai-je seulement devant moi un voyeur exhibitionniste qui va se contenter de me regarder, de me mater ? C'est fou ce que l'esprit est capable d'échafauder pour se raccrocher à n'importe quoi dans une situation extrême. Pourtant, je l'espère de toutes mes forces, auquel cas le cauchemar se terminera bientôt. Il m'attrape alors par le bras, en maintenant toujours son arme sur mon cou.

– Relève-toi, on va aller dans ta chambre, on sera plus tranquille, c'est bien par-là ?

– Oui, au fond à gauche.

– Passe devant et pas de conneries.

Une fois arrivés tous les deux dans la chambre, il ferme la porte derrière lui.

– Allonge-toi sur le lit, le visage face au mur, je ne veux pas que tu me vois.

Je m'exécute. Désormais, je sais ce qu'il va se passer. Il se couche près de moi. D'une main, il tient le couteau, de l'autre, il commence à me toucher.

– Tu aimes ça, je le sais, dis-le que tu aimes ça.

Mais cette fois, je n'obéis pas et reste silencieuse. Je ne peux absolument pas dire cela. Je sens les gestes ignobles descendre plus bas, avec le couteau sur ma peau, sur mon corps…

Je vois alors des bribes de ma vie défiler dans ma tête. Derrière mes paupières fermées, crispées, j'ai l'image de mes parents, de mon frère Sylvain, de Pascal. Pourquoi n'est-il pas près de moi ce soir pour me sauver de ce cauchemar ? Je suis désormais persuadée de ne pas m'en sortir, que ce sadique va forcément me tuer sauvagement. Je me vois réellement morte, dans un bain de sang sur mon lit, et ma terreur est au-delà des mots.

Intérieurement, je dis adieu à tous ceux que j'aime. Je pense à mes parents et à leur réaction quand ils apprendront la mort de leur fille de 22 ans, retrouvée assassinée chez elle après avoir été violée par un détraqué sexuel.

Je leur demande pardon. De quoi ? De leur infliger cette peine ? D'avoir ouvert cette porte à un inconnu par négligence, par fatigue ? Je ne sais pas exactement, mais ce dont je suis certaine, c'est d'avoir besoin d'eux plus que tout en cet instant.

Je suis épouvantée par ce qui est en train de m'arriver. Pourtant, sur le moment, je le suis plus à l'idée de la mort atroce qui se prépare que par les actes abjects que mon agresseur me fait subir. Peu importe ce qu'il m'impose, j'obéis, morte de trouille. Morte tout court. La terreur annihile tout autre sentiment. C'est comme si je me dédoublais, comme si mon esprit se détachait de mon corps pour assister à mon propre viol. L'une est morte pour toujours, l'autre supplie pour ne pas mourir. La seule chose qui compte, c'est de ne pas le contrarier pour qu'il ne me tue pas. Je ne veux pas mourir. Pas ainsi. J'ai peur de cette fin qu'il veut m'imposer. J'ai peur d'avoir mal, je ne veux pas de ce couteau dans mon corps. Je veux vivre.

Suivent alors des injures, des obscénités, des menaces de toutes sortes, et, essentiellement, des gestes qui me marqueront pour toujours. De cela, je ne suis pas encore consciente, parce que je pense vivre mes derniers instants.

Tandis que mon calvaire continue, je m'aperçois que le couteau qu'il n'avait cessé de tenir dans sa main et de faire glisser sur ma gorge est désormais posé sur la table de nuit. Une erreur fatale qui pourrait m'être salvatrice. L'espace de quelques secondes, je pense à m'emparer de l'arme et à le menacer à mon tour. S'il le faut, je pourrais même le tuer, si ça me permet de sauver ma peau. Mon unique obsession est de sortir vivante de ce cauchemar.

Mais encore une fois, la peur me paralyse. Lorsque je lui obéis, mon agresseur reste à peu près calme. Il assouvit ses pulsions, mais jusqu'ici, je suis toujours en vie. C'est l'essentiel. Le serai-je encore si je le provoque ou si je le mets en colère ? J'ai une chance sur deux, quoi que je décide de faire. Survivre ou mourir. Je n'ose pas prendre de risques. Suis-je lâche ? Je ne suis pas en situation de force, et s'il pige le stratagème, il aura forcément le dessus, même sans arme. Il est beaucoup plus grand et plus fort que moi, d'autant plus qu'il s'est maintenant remis debout, me contemplant à terre, recroquevillée à ses pieds.

Maman, au secours, aide-moi à sortir de là.

2

L'appel au secours

Avril 1996, mercredi

J'ouvre les yeux. Je grelotte, j'ai froid, je suis nue et n'y crois pas. Je me touche pour voir si c'est bien réel. Oui, je suis là. Entière. En vie. Chacun de mes membres est bien accroché à mon corps meurtri. Je ne suis pas en rondelles. Le reste n'a aucune importance. Je regarde encore dans la pièce. Il est bien parti, je suis à nouveau seule. Je jette un œil à mon radio-réveil. Il est 22 h 50. Je viens de vivre les trois quarts d'heure les plus longs et les plus irréels de toute ma vie.

Pour le moment, je me sens très sale et je n'ose pas bouger. En partant, mon agresseur m'a dit plusieurs fois de ne pas avertir les flics, sinon il reviendrait se venger.

Au bout de quelques minutes, je me décide quand même à aller jusqu'à la salle de bains pour me laver, après avoir enfilé un peignoir. Je ne veux plus passer nue dans le séjour. Au passage, je verrouille la serrure de la porte d'entrée pour m'assurer qu'il ne reviendra pas. Peut-être est-il encore en train de m'épier depuis la cour ? Je pense aussi à fermer les volets, mais c'est plus fort que moi, je ne peux pas. Car pour ça, il faut évidemment ouvrir la fenêtre sur la nuit. Et s'il était tapi derrière le carreau et qu'il ressurgissait ? Rien que d'y penser, j'en suis malade. J'ai brusquement très envie de vomir.

L'eau me fait du bien. Avec un gant de toilette, je frotte ce corps dégoûtant, ces mains répugnantes, cette affreuse bouche. Je me nettoie rapidement devant le lavabo car j'ai l'impression que ça ira plus vite qu'une douche. J'ai tellement peur qu'il revienne avant que je ne sois rhabillée…

Je ne peux pas rester seule, je vais devenir folle. Je dois appeler quelqu'un, mais surtout pas la police. Je me précipite dans ma chambre vers le téléphone. Je décide d'appeler Pascal. J'ai vraiment besoin de lui, lui seul pourra me comprendre et m'aider. Je tente de composer le numéro mais n'y parviens pas, mes mains tremblent beaucoup trop. J'essaie plusieurs fois de suite, c'est comme si mes doigts ne répondaient plus à mon cerveau. Je réussis enfin, mais en vain, la ligne est occupée. J'appelle alors chez Benoît, mais malheureusement, il ne doit pas être rentré de chez Pascal car personne ne répond. Je téléphone encore et encore chez Pascal. Toujours occupé. Désespérée, je pense alors avertir Sandra, ma meilleure amie, qui est également dans notre classe. Il est plus de 23 heures, elle dort certainement. Je n'ai pas le choix, il faut que je parle à quelqu'un. Je ne peux pas passer la nuit ainsi. Surprise. J'ai un trou de mémoire total, certainement dû à la panique. Je ne me souviens pas du numéro de Sandra, que j'appelle pourtant presque tous les jours. Impossible, en fait, je m'embrouille complètement dans les chiffres.

Finalement, après quelques minutes, je parviens à joindre Pascal. Son Minitel était allumé alors qu'il était avec Benoît. C'est en voyant à plusieurs reprises des signaux d'appel qu'ils se sont décidés à éteindre l'appareil et à attendre un éventuel nouveau coup de téléphone.

– Allô ! Pascal, c'est moi. Peux-tu venir tout de suite ?

J'ai beaucoup de mal à articuler. À ma voix, Pascal comprend immédiatement que quelque chose ne va pas du tout.

– Qu'est-ce qu'il t'arrive ? demande-t-il, inquiet.

– Je viens de me faire agresser chez moi, par un inconnu.

– Quoi ! Tu vas bien ? Tu es blessée ?

– Non, non, ça va, mais j'ai peur, viens très vite, s'il te plaît. Par contre, fais attention, je ne sais pas s'il est vraiment sorti de l'immeuble, et il est armé d'un couteau. Il m'a interdit d'avertir la police, sinon il se vengera. S'il est venu, c'est que la porte cochère doit être ouverte, tu pourras donc entrer sans problème.

– D'accord, reste enfermée, ne bouge surtout pas. Je suis là dans dix minutes avec Benoît.

L'attente me paraît interminable. Je reste assise par terre, prostrée près du téléphone, vide. Je me tiens loin des fenêtres, recroquevillée sous le vasistas, d'où je pense ne pas être vue. La sonnerie du téléphone me fait sursauter comme si on m'avait électrocutée.

– Allô !

– C'est moi, c'est Pascal, nous ne pouvons pas entrer, la porte qui donne sur la rue est verrouillée. Il faut que tu sortes pour nous ouvrir.

– Non, je ne peux pas, s'il est encore dehors dans la cour… J'ai trop peur.

– Ne t'inquiète pas, nous serons là quand tu ouvriras. Je suis dans une cabine téléphonique au coin de ta rue. Laisse-nous deux minutes, le temps d'arriver. De toute façon, tu n'as pas le choix. Tu ne peux pas rester toute seule, il faut bien qu'on vienne chez toi. Reste calme, à tout de suite.

Je raccroche le combiné, terrorisée à l'idée de devoir sortir. Un voisin a dû passer entre-temps et verrouiller la porte. Je dois alors surmonter la pire des angoisses. L'idée de sortir et de me retrouver potentiellement face à mon agresseur me tétanise, mais en même temps, je dois impérativement ouvrir à Pascal et Benoît. Sans doute les effets du traumatisme ne m'ont-ils pas encore totalement paralysée… Après quelques instants, je trouve la force de prendre mes clés et de traverser la cour en courant vers la rue.

– Céline ? C'est nous. Tout va bien ? Ouvre.

Mon soulagement est immense quand j'aperçois enfin mes deux amis, munis chacun d'une canne antivol de voiture et d'un nerf de bœuf. Ils avaient tout prévu.

– Comment vas-tu ? Rien de grave, au moins ?

– Non, non, ça va, le pire n'est pas arrivé. Je suis vivante, mais j'ai vraiment eu très peur.

Nous nous précipitons tous les trois dans l'appartement. Les visages de Pascal et de Benoît se décomposent à la vue des vêtements et sous-vêtements éparpillés sur le sol du séjour. Évidemment, je n'ai pas pris le temps de les ramasser. Je suis de toute façon incapable de les toucher, encore moins de les porter à nouveau. Devant ce désordre, il ne faut qu'une seconde aux deux garçons pour comprendre la tragédie qui s'est déroulée ici un peu plus tôt. Cependant, ils veulent en avoir le cœur net et demandent des explications. Nous prenons place dans la pièce principale. Je commence à raconter comment cet inconnu a fait irruption chez moi, mais il m'est impossible de donner la moindre précision sur les faits qui ont suivi.

– Benoît, quand je t'ai vu tout à l'heure, je t'ai dit qu'un type était venu pour un appartement. Eh bien, c'est lui. Il est revenu juste après ton départ. Vous vous êtes même sûrement croisés.

– Oui, c'est vrai, murmure-t-il après quelques secondes de réflexion.

Pascal est toujours livide et renchérit, très inquiet :

– Céline, dis-nous la vérité. Est-ce qu'il t'a… Est-ce qu'il t'a agressée sexuellement ?

J'ai beau avoir été intime avec lui, j'ai beau l'aimer et me sentir en confiance, je ne me sens pas la force de lui raconter les actes horribles que je viens de subir. L'aveu reste muré dans ma bouche.

– Non, enfin… Oui et non, c'est difficile à expliquer. Disons que ce n'est pas tout à fait ce que tu imagines, le pire n'est pas arrivé, je suis en vie.

– Il faut que tu nous racontes ce qu'il s'est réellement passé, c'est très grave. Il faut appeler les flics.

– Non, surtout pas, il m'a interdit de le faire sinon, il reviendra me tuer.

– Quoi ! Il t'a menacée de mort, tu te rends compte de ce que tu dis ? Raison de plus pour avertir la police. Il ne faut surtout pas céder à ce chantage ridicule. Le seul moyen pour qu'il soit arrêté est de porter plainte, insiste-t-il.

– Écoute, ça n'avait pas l'air d'un chantage ridicule quand il a dit ça, il avait plutôt l'air très sincère. Il avait un couteau et m'a menacée de me couper en rondelles, dis-je, affolée.

Pascal ne tient absolument pas compte de mes propos. C'est un comportement qui le caractérise. Une autorité naturelle qui fait aussi sa force et son charisme. Sans détour, et parfois sans diplomatie selon certains, il en impose. Le visage fermé sous ses sourcils épais, il appelle la police. Son interlocuteur lui répond que des policiers seront là dans quelques minutes.

Nous attendons tous les trois, dans une atmosphère oppressante de silence et d'anxiété. Je suis assise sur une chaise près de la table, figée, obsédée à l'idée que mon agresseur apprenne que Pascal a appelé la police. Je crois que je lui en veux même un peu. Peut-être a-t-il raison ? Je ne sais pas. Je ne sais plus rien. Je tremble encore. Benoît est également assis, face à moi, la tête dans les mains. Quant à Pascal, il tourne en rond comme un lion en cage, allumant une cigarette avec le mégot de la précédente. Il est extrêmement nerveux et sa stature imposante remplit la pièce. Il se veut protecteur avec moi, en prenant les décisions qui s'imposent mais jamais, il n'ose me toucher ou me prendre dans ses bras. Je n'attends d'ailleurs pas ces gestes de sa part, à ce moment. J'ai seulement besoin d'une présence. De sa présence.

Pascal et Benoît n'ont qu'une idée : se venger. Retrouver ce connard et lui faire la peau. De mon côté, je suis encore trop choquée pour penser logiquement. Je réalise à peine ce qui vient de m'arriver.

À cet instant précis de la soirée, je m'imagine qu'il va me suffire d'expliquer les événements de la soirée aux policiers et que demain, tout rentrera dans l'ordre. Le cauchemar sera terminé et tout sera oublié, je reprendrai le cours de ma vie. Je n'ai absolument aucune idée de l'engrenage judiciaire et juridique dans lequel je vais m'engager en portant plainte. D'ailleurs, comment le saurais-je ? Je suis une petite étudiante en commerce, insouciante, que la vie a plutôt épargnée jusqu'ici. Cependant, malgré la peur de la vengeance éventuelle de ce salopard, je comprends qu'en procédant ainsi, il sera bientôt sous les verrous, et moi, de nouveau en sécurité.

Le silence règne toujours chez moi. Pascal surveille par la fenêtre du séjour. Soudain, des lampes torches illuminent la cour.

– Voilà les flics, annonce-t-il d'une voix grave, tandis que Ben se précipite sur le palier pour les accueillir.

Deux policiers armés entrent dans l'appartement. Une fois les présentations faites et à leur demande, je leur décris l'homme et explique brièvement les faits ainsi que la façon dont l'individu a fait irruption chez moi. Pour la suite, je reste vague. À la fois par pudeur et par crainte des représailles si mon agresseur apprend que j'ai tout dit. L'un des flics, un petit brun, reprend l'interrogatoire.

– Vous a-t-il frappée ? Êtes-vous blessée ? Si c'est le cas, il faut tout de suite aller voir un médecin.

– Non, je ne suis pas blessée, il n'y a pas eu de violences physiques, mais il a menacé de me tuer. Il avait un couteau.

– Violences sexuelles ?

J'hésite.

– Qu'appelez-vous violences sexuelles, exactement ?

– Rapports sexuels sous la contrainte.

Comment puis-je avouer ce qui s'est réellement passé, ce qu'il m'a fait subir ? C'est impossible. J'ai terriblement honte et je reste donc très évasive. Comment leur faire comprendre que tout ce que j'ai fait avec cet homme, c'était uniquement pour rester en vie ? Que je n'avais pas le choix ? Ils ne me croiront jamais, ils me jugeront. Mal, forcément. Ils penseront que je l'ai allumé, que je l'ai cherché et qu'il n'appartenait qu'à moi de ne pas le faire rentrer chez moi. Tellement simple, vu de l'extérieur…

Je cherche du soutien auprès de Pascal qui se trouve près de moi. Son regard insistant m'invite à parler, à tout révéler. Quant à Benoît, il semble embarrassé, son immense carcasse reste figée debout, près de la cuisine.

– Je crois qu'il s'agit d'attouchements, c'est difficile à dire.

Je sais confusément que je mens. Mais pour la jeune femme humiliée que je suis, il me semble plus facile d'utiliser ce terme. Il m'est encore absolument impossible de mettre un mot précis sur ce qui vient de se produire. Le mot exact. Le mot terrible. Les questions reprennent.

– S'est-il exhibé devant vous ?

– Oui.

– Étiez-vous nue ?

Le policier pose cette question en avisant les vêtements dispersés sur le sol du séjour. J'aurais dû tout ranger avant leur arrivée.

– Oui, dis-je les yeux baissés, mal à l'aise face à toutes ces questions brutales, posées sans le moindre ménagement.

Je suis choquée par leur franc-parler. En quoi ce genre de détails peut-il bien les intéresser ? C'est abominable.

– J'imagine que vous vous êtes lavée.

– Oui, bien sûr.

– Dommage, ça minimise les chances de retrouver des traces d'ADN. Vous avez agi par réflexe, mais malheureusement, ce n'est pas la meilleure solution. Vous ne pouviez pas savoir, évidemment.

On me reproche presque de m'être lavée. Et puis quoi, encore ? Oui, effectivement, je ne pouvais pas savoir, ça n'arrive pas tous les jours. Je suis brusquement très énervée, comme si une révolte sourde grondait en moi.

– Voulez-vous porter plainte ? Je vous le conseille vivement.

Perdue, j'interroge Pascal du regard et me lance.

– Oui, s'il le faut.

– Très bien, nous ne pouvons rien faire de plus ce soir. En revanche, il faut vous rendre dès demain matin au commissariat le plus proche. Là-bas, ils prendront votre déposition. Avant de partir, nous allons faire le tour de l'immeuble et du quartier.

Je les écoute sans chercher à comprendre. Je m'en remets à eux car ils représentent la sécurité et la loi. Et surtout parce que Pascal m'a conseillée d'agir ainsi. Rien de ce que j'exprime n'est conscient, réfléchi. Tout le monde s'apprête à sortir de mon appartement lorsque des pas sourds résonnent dans l'escalier. Quelqu'un descend des étages supérieurs.

L'un des policiers sort prestement son arme :

– Attention, reculez-vous !

Tout le monde s'est figé dans la pièce. Je suis terrorisée à l'idée de me retrouver face à mon agresseur. L'homme qui descendait du premier étage en dévalant les escaliers se trouve immédiatement arrêté dans son élan.

– Les mains en l'air, plus un geste.

– Mademoiselle, est-ce que c'est lui ?

J'ose enfin lever les yeux sur l'individu hébété.

– Non, laissez-le, c'est mon voisin du dessus.

Le deuxième policier lui demande alors d'un ton brusque :

– Qu'est-ce que vous faites dans les escaliers à cette heure-là ?

– Oh ! Oh ! Je ne fais rien de mal, je descends juste fumer une cigarette. Mais qu'est-ce qu'il se passe, ici ?

Je tempère.

– C'est vrai, je le vois souvent fumer dehors.

– Excusez-nous, il y a erreur sur la personne. Mademoiselle vient de se faire agresser chez elle. Vous n'avez rien remarqué d'anormal, rien entendu ?

Mon voisin répond négativement. Après avoir inspecté une dernière fois les lieux, les policiers prennent congé.

– C'est bon pour ce soir. Quant à vous, Mademoiselle, je vous conseille de ne pas rester seule, et, si possible, de trouver un autre endroit pour passer la nuit.

– Merci pour tout, je vais me débrouiller, au revoir.

Je retourne alors avec mes amis dans l'appartement. Je n'ai qu'une hâte, quitter ces lieux au plus vite, au moins pour le reste de la nuit. Pascal me propose immédiatement de m'accueillir chez lui. Les garçons m'aident alors à préparer quelques affaires pour la nuit et le lendemain. Je n'arrive à rien faire, je suis complètement perdue.

Je m'encourage en me répétant que demain, tout ira mieux, que ma vie d'étudiante va reprendre son fil après une bonne nuit de sommeil, puis que j'irai en classe. Je ne me doute pas encore que sur ce point-là, je me trompe totalement.

Un peu plus tard, nous sommes tous les trois assis autour de la table, dans le studio de Pascal, à dix minutes à pied de chez moi.

– Tiens, bois un café, ça te fera du bien.

Aujourd'hui, je ne saurais plus dire combien de temps nous avons passé là, à parler de choses et d'autres et à essayer de rire un peu pour détendre l'atmosphère.

Pendant que Pascal et Benoît déplient le canapé pour moi, je prends une douche interminable. C'est la deuxième fois que je me lave ce soir, mais j'en ai absolument besoin pour essayer d'effacer ces horreurs sur mon corps sali.

Benoît est à présent parti. Il est 2 heures du matin passées.

Je me couche enfin, je me sens presque en sécurité. Cette fois, Pascal n'est pas loin, seulement à quelques mètres de moi, dans le lit voisin. Le savoir à mes côtés suffit à m'apaiser, et, malgré notre rupture récente et mes sentiments, je ne pense à rien d'autre que dormir. Sombrer simplement dans un sommeil et un oubli réparateurs.

3

Le dépôt de plainte

Avril 1996, jeudi

Quelques heures plus tard, je me réveille éreintée. J'ai très mal dormi, avec un sommeil agité. Je ne sais plus où je me trouve. Il me faut quelques instants pour reprendre mes esprits en regardant autour de moi. Sur ma gauche, je distingue un bureau, au bout du canapé, une chaîne hi-fi. Je suis chez Pascal. Comme des ombres maléfiques, les souvenirs de la veille affluent à la surface, violents, insupportables. Je me demande encore si je n'ai pas seulement fait un affreux cauchemar.

Mais non, tout est implacablement réel. La preuve, je ne suis pas dans mon propre lit, mais chez Pascal. Il s'est levé plus tôt que moi et une bonne odeur de café se répand déjà dans la pièce. Sa présence discrète me rassure. Pascal trouve les mots justes, sans en faire trop.

– Comment te sens-tu, ce matin ? As-tu quand même réussi à dormir un peu ?

– J'ai assez mal dormi, surtout au début de la nuit. Je me sens complètement dans le brouillard.

– Viens manger un peu, cela te fera du bien.

– Merci, mais je vais d'abord aller me doucher, si ça ne te dérange pas.

Je me sens à nouveau terriblement sale, et je passe un long moment sous l'eau. Rien à faire pour supprimer cette affreuse sensation d'humiliation... Une fois habillée, je retrouve Pascal dans la cuisine. Il m'a gentiment servi un grand bol de café au lait fumant accompagné de toasts beurrés et d'un verre de jus d'orange. Mais mon solide appétit habituel n'est pas au rendez-vous.

– C'est gentil de ta part, seulement je n'ai pas très faim. Tu pourras avertir l'école que j'arriverai en retard, ce matin ? Raconte-leur n'importe quoi, que je suis malade, par exemple. De toute façon, je n'en ai pas pour très longtemps au commissariat. Je pense que je manquerai uniquement le premier cours.

– D'accord, tu vas me déposer en classe et tu garderas ma voiture ce matin. Si ça devait se prolonger, retrouve-nous ce midi au restaurant universitaire.

– D'accord, très bien. Avertis quand même les filles de la classe qu'il y a un détraqué dans la ville, qu'elles fassent bien attention à elles.

Ce matin-là, je n'ai toujours pas pris conscience de la gravité des faits. Je suis sous le choc, je n'ai encore versé aucune larme et je réagis par réflexes, comme si j'avais été la victime d'un léger incident. Je dois sembler très forte, vue de l'extérieur. Je fais juste ce que je dois faire, mon devoir de bonne citoyenne. Porter plainte contre un individu dangereux. Point barre. Mon corps est détaché de mon esprit, comme si l'un et l'autre ne fonctionnaient plus de paire. Mon corps est raide mais il bouge. Mes genoux plient et mes jambes marchent. En revanche, dans ma tête, seul le sens du devoir semble fonctionner. Aller voir la police, déposer plainte, retourner en classe, continuer ma vie. Je ne ressens rien. Tout sentiment m'a quittée. Même la peur. Seule la présence de Pascal me rappelle que je suis vivante. Les choses se passent naturellement entre nous. Pourtant, depuis hier, aucun contact physique, pas même une bise ou une accolade. Seulement lui. Il me suffit. Il est là. Il est mon guide.

Il est presque 9 heures. Nous montons en voiture, je dépose Pascal et file tout droit au bureau annexe du commissariat de mon quartier. C'est la première fois que j'entre dans un tel lieu. Le bâtiment, une maison de ville, est étroit et haut. Dans le hall, les murs sont gris, tristes à mourir. Un homme visiblement ivre est assis sur une chaise, en train d'attendre Dieu sait quoi. Un autre ne lève pas le nez de ses chaussures tant il semble accablé.

Je me dirige vers l'accueil, où une femme maussade en uniforme me demande ce que je désire.

– Bonjour, c'est pour porter plainte.

– Oui, pour quoi ? Contre qui ?

– J'ai été agressée chez moi la nuit dernière. Les policiers sont venus et m'ont envoyée ici aujourd'hui.

– Y a-t-il eu coups et blessures ?

– Non… Pas vraiment.

– Agression sexuelle ?

Les mots claquent, comme des gifles.

– Oui, dis-je dans un souffle, tête basse.

Mon interlocutrice ne semble pas concernée, encore moins compatissante. Pire, j'ai l'impression qu'elle est blasée. Elle n'a même pas la délicatesse de baisser la voix alors qu'il y a du monde dans le hall. Tout cela est tellement gênant…

– Patientez ici un moment, on vous appellera.

Je m'assieds, honteuse à l'idée que les deux hommes présents aient pu entendre la conversation. J'attends, raide et nerveuse.

Quelques minutes plus tard, un policier arrive et me demande de le suivre à l'étage. L'homme est brun, de taille moyenne, la quarantaine. Je lui emboîte le pas, docile, et nous empruntons un vieil escalier de bois en colimaçon. Les marches grincent sous mes pas tremblants. Je me sens un peu comme chez le médecin. Une salle d'attente, puis, chacun à leur tour, les patients sont reçus par celui qui est censé régler leurs maux. Nous pénétrons dans un petit bureau vieillot, pas plus gai qu'au rez-de-chaussée. Je suis invitée à m'asseoir. Tant mieux, car mes jambes me portent difficilement tant je suis tendue. Mécaniquement, le policier me demande de décliner mon identité et mon adresse, puis m'interroge sur les faits qui se sont déroulés. Deux autres flics se trouvent à côté de nous et discutent en riant, sans prêter attention à moi. Comme la veille au soir, je raconte les circonstances dans lesquelles l'inconnu a fait irruption chez moi. Je me sens très embarrassée.

– Êtes-vous certaine de ne pas l'avoir autorisé à aller aux toilettes ?

– Je vous l'ai dit, j'avais refusé, mais il ne m'a pas écouté.

– Alors comment pouvait-il savoir où se trouvaient les w.-c. ?

– Je n'en sais rien, moi !

– Êtes-vous sûre que vous ne le connaissiez pas et qu'il n'était jamais venu chez vous ?

– Oui, certaine, je sais quand même qui j'invite chez moi ou pas.

Je sens mon ventre se contracter d'énervement. Cette situation commence à devenir insupportable. Est-ce moi qui suis coupable, ici ? Pourquoi sont-ils tous si froids et indifférents ? Le flic poursuit.

– Est-ce que ça ne pourrait pas être un étudiant de votre école que vous n'auriez jamais remarqué ?

– Non, impossible, l'école est petite et on connaît tout le monde, au moins de vue.

– Bien.

Je ne saurais dire si c'est du scepticisme ou de la lassitude que je perçois dans sa voix.

– Vous a-t-il volé quelque chose ?

– Non, mon carnet de chèques était même posé sur le buffet et il n'y a pas touché.

– Vous dites avoir été agressée. Vous a-t-il frappée, menacée ?

Je crève d'envie de lui répondre que je ne sous-entends pas avoir été agressée mais que j'ai bel et bien été agressée. Pourtant, je modère mes propos.

– Il ne m'a pas frappée, mais il avait un couteau et m'a interdit d'avertir la police.

– Vous a-t-il agressée sexuellement ?

Voilà, nous y sommes… Le plus difficile. L'inavouable. Je dois continuer. Je sens la honte me submerger subitement. J'ai chaud. Je transpire.

– Oui.

– Soyez plus précise, s'il vous plaît.

– Eh bien, c'est difficile à dire.

Je me retourne et remarque que les deux autres policiers présents dans la pièce se sont tus et s'intéressent désormais à la conversation, ce qui me met encore plus mal à l'aise. Je les observe, désemparée. Le plus jeune est blond tandis que l'autre est plutôt rondouillard. Mon interlocuteur se fait plus doux.

– Je comprends que ce soit difficile, mais nous avons besoin de plus de détails pour évaluer la gravité des faits. Vous pouvez parler devant eux, ce sont également des policiers. Nous pourrons vous aider seulement si vous nous racontez tout.

Le blondinet intervient.

– Nous allons vous aider à nous expliquer. Nous vous poserons des questions directes, et vous n'aurez qu'à répondre par oui ou non, sans gêne.

– D'accord.

– Vous a-t-il touchée ?

– Oui.

– Avez-vous vu son sexe ? demande son acolyte.

– Oui.

Les deux hommes m'interrogent à tour de rôle. J'ai la sensation d'être un punching-ball. Mais peut-être est-ce finalement plus simple, de cette façon neutre et efficace.

– Vous a-t-il forcée à le toucher ?

– Oui.

Je murmure de façon quasi imperceptible. Je vais mourir de honte devant ces questions atroces.

– Vous a-t-il fait subir autre chose sous la contrainte ?

– Oui. Ça a été plus loin…

Soudainement, comme une bourrasque, l'horreur de ces dernières heures me revient en pleine face. Je relate alors en détail tout ce qui s'est déroulé pendant trois quarts d'heure, la nuit dernière.

– Ah ! Nous y voilà. Mademoiselle, vous avez été violée cette nuit, conclut le blond.

Le choc des mots. Je reste interloquée. Ce n'est pas possible, ça n'a pas pu m'arriver à moi. Pourquoi moi ?

Ces quatre lettres vont changer ma vie à tout jamais. J'ai beau les retourner dans tous les sens dans ma tête, LIOV, LOIV, VOIL, rien n'y fait. Je finis toujours par retomber sur VIOL.

Quatre lettres à l'encre indélébile.

J'ai pourtant pensé à ce mot, cette nuit, au fond de mon angoisse la plus noire. Deux mots m'obsédaient : viol et mort. Pourtant, je n'ai jamais, pas plus que les autres, prononcé le terme « viol » jusqu'ici…

Cela ne change évidemment rien aux faits. Mais l'entendre sortant aussi nettement de la bouche du policier me fige sur place. Je réalise alors la gravité de la situation, de ce qui m'est arrivé. Jusqu'ici, j'ai refusé farouchement d'admettre qu'il s'agissait d'un viol. Il m'était impossible de poser un mot sur les actes. Je ne réfléchis plus depuis cette nuit. Mon cerveau s'est arrêté de fonctionner vers 22 heures, hier soir. Cette révélation brutale m'ébranle au plus profond de moi-même. J'ai l'impression de recevoir dans mon ventre le coup de poignard que ce salaud me réservait cette nuit si je m'avisais de parler.

Le flic aurait pu être un peu diplomate pour m'annoncer ça. Mais non. Aucune attention, aucune empathie. Je reste quelques secondes sans voix, sans réaction, puis j'ai envie de pleurer de colère, de honte et d'injustice. Mais je me retiens. Je ne me laisserai pas aller ici, dans ce commissariat, devant ces hommes. Ma gorge reste sèche. J'ai été déjà suffisamment humiliée, je ne vais quand même pas craquer devant eux.

J'avais pensé que « l'incident » serait clos dès que j'aurais quitté le commissariat, que ce gros dégueulasse serait arrêté rapidement, puis que personne n'en reparlerait plus jamais. En quelques jours, j'aurais tout oublié. Tout serait vite rentré dans l'ordre. Mes études, mes amis, Pascal… J'ai une certitude : désormais, ce sera beaucoup plus compliqué. Une peur panique me saisit. Que va-t-il se passe ? Qu'est-ce que je vais devenir ? Comment continuer ?

– Est-ce que ça va, Mademoiselle ?

Le policier qui m'avait accueillie est devenu plus compatissant. Il s'adresse à moi presque gentiment mais son ton est solennel.

– Je dois vous expliquer quelque chose de très important. La loi qualifie de viol tout acte de pénétration sexuelle, de quelque nature qu'il soit, commis sur la personne d'autrui par violence, contrainte, menace ou surprise. C'est ce qui vous est arrivé, on est bien d'accord ?

– Oui.

– Vous avez bien compris ce que je viens de vous dire ? s'assure-t-il, comme si j'étais demeurée. J'ai la sensation que ma tête pèse une tonne.

– Bon, nous ne traitons pas ce genre d'affaire ici, reprend-il. Je vais vous faire un courrier, que vous présenterez à l'inspecteur de la Brigade des mœurs, au commissariat central de la ville. Vous serez reçue très rapidement et en priorité. Tout ça est d'une extrême urgence, il faut vous y rendre sans faute dès maintenant. Vous êtes toujours décidée à porter plainte ?

– Oui, plus que jamais.

Le policier rédige rapidement la lettre puis me la tend.

– Ne tardez pas, et bon courage pour la suite.

– Merci, au revoir.

Quelques secondes plus tard, je me retrouve dans la rue, seule, anéantie. J'ai trouvé ces flics particulièrement inhumains avec moi. L'idée de devoir raconter à nouveau l'agression dans ses moindres détails à un de leur collègue, officier de police judiciaire cette fois, me décourage. Je suis tellement fatiguée. J'aimerais seulement pouvoir me reposer, ne rien faire, me détendre, et on m'impose toutes ces démarches...

Un viol, on croit toujours que ça n'arrive qu'aux autres, dans les rubriques faits divers des journaux ou à la télévision. Un mot hideux qui n'a pourtant pas de réalité tangible. Jusqu'à aujourd'hui, pour moi. Je n'ai rien fait pour ça. De ce que j'en sais vaguement, il paraît que toutes les filles à qui cela arrive mettent énormément de temps à s'en remettre, lorsqu'elles y parviennent...

Pourquoi s'en est-il pris à moi et pas à une autre, ce salopard ? Cela peut paraître monstrueusement égoïste, mais c'est la première chose qui me vient à l'esprit. Est-il venu chez moi par hasard, ou m'avait-il dans sa ligne de mire depuis longtemps ? Ces questions restent sans réponse, et c'est insupportable. Je veux tout savoir maintenant, tout comprendre, toutes les raisons qui ont poussé ce type à se défouler sur mon corps.

J'accélère le pas, en jetant des regards inquiets tout autour de moi. Les rues, les gens, tout est soudainement devenu menaçant, suspect. Peut-être mon agresseur est-il en train de me surveiller ? M'a-t-il suivie ? Et s'il remarque que je sors du commissariat, que se passera-t-il ? A-t-il toujours son grand couteau dans sa poche ? Paniquée, je finis par courir pour rejoindre ma voiture. Une fois à l'intérieur, je verrouille les portes. Je ne le sais pas encore, mais je répéterai ce geste chaque jour pendant de longues années.

Comme le policier me l'a demandé, je me dirige vers le commissariat central. Tout me paraît compliqué, tragique, une route sans fin. Finalement, je manquerai plus de cours que prévu…

Le bâtiment du commissariat central est beaucoup plus imposant que le bureau annexe d'où je sors. Arrivée sur place, je n'ai pas à attendre et suis immédiatement dirigée vers le service concerné. Je prends un ascenseur pour me rendre au deuxième étage, à la Brigade des mœurs, le premier étant réservé à la criminelle. Mœurs, criminelle, qu'est-ce que je fous ici ? Ce matin, il ne s'agit plus d'une de ces séries policières que je regarde habituellement avec indifférence. C'est bien moi qui suis la victime d'une sale histoire.

Néanmoins, je me sens en sécurité. Avec tous ces policiers autour de moi, il ne peut rien m'arriver de mal ici. Un homme à la carrure imposante, la petite cinquantaine, le visage carré mais rassurant, s'avance vers moi.

– Bonjour, Mademoiselle, je suis l'inspecteur C. Suivez-moi dans mon bureau, nous y serons plus à l'aise pour discuter.

Pour la première fois depuis mon agression, je me retrouve seule dans une pièce, avec un homme, inconnu de surcroît. Je prendrai bien soin, durant de longues années, d'éviter ce genre de situation. L'inspecteur m'invite à prendre place en face de lui et s'installe devant sa machine à écrire.

– Comment vous sentez-vous, aujourd'hui ?

– Un peu paumée, en fait, mais ça va, merci.

Je le trouve réconfortant, et c'est tout à fait ce dont j'ai besoin.

– Le collègue que vous avez vu tout à l'heure m'a téléphoné, j'attendais votre visite dans la journée. C'est très courageux à vous d'être venue seule.

– Disons que ce matin, je n'imaginais pas combien tout serait compliqué. Je crois que je commence seulement à prendre conscience de la tournure des événements. On vous a bien donné ma lettre, en bas ?

– Oui, oui, ne vous inquiétez pas. Vous êtes toujours d'accord pour porter plainte ?

– Bien sûr, c'est pour ça que je suis là.

L'homme se cale dans son fauteuil et prend une inspiration.

– Bien. Il faut d'abord que je vous explique toute la procédure. À partir de votre plainte, nous allons mener une enquête, c'est la raison pour laquelle je vais vous demander le plus de précisions possibles. Vous devez être bien consciente que ce type ne sera sans doute pas arrêté dès demain. Cela peut prendre plusieurs semaines, voire des mois. Il peut même y avoir une confrontation avec le présumé coupable. Dans un cas de viol, c'est la cour d'assises qui est compétente, et il peut en prendre pour des années. Vous devez aussi savoir qu'environ une plainte de viol sur trois n'aboutit pas. C'est-à-dire que souvent, les victimes n'ont pas la force nécessaire d'aller jusqu'au procès, qui est difficile à supporter. Voilà ce que je tenais à vous dire d'emblée, non pas pour vous décourager, bien au contraire, mais pour que vous soyez prête à affronter tout ça, et que vous agissiez en votre âme et conscience.

Il me faut quelques secondes pour encaisser tout ce que l'inspecteur vient de m'expliquer. Hier soir, j'ai été agressée, j'ai failli mourir. Ce matin, on ne cesse de me répéter que j'ai été violée, et à présent, on me parle d'enquête, de procès, de cour d'assises. J'ai du mal à y croire. Qu'ai-je fait pour mériter tout ça ? Quelle injustice ! Tout allait si bien jusqu'à hier soir ! Même mes tourments amoureux avec Pascal me paraissent soudainement dérisoires.

L'inspecteur doit lire dans mes pensées, car il reprend calmement :

– Souvenez-vous bien de ce que je vais vous dire maintenant, cela vous aidera toujours par la suite. C'est vrai, c'est injuste, mais n'oubliez jamais que vous êtes la victime. Vous n'avez pas voulu ce qui vous arrive aujourd'hui, vous n'avez rien fait en ce sens, et vous ne devez surtout pas culpabiliser. Vous êtes malheureusement tombée sur un malade. N'oubliez jamais ceci.

Je ne lui réponds pas mais le remercie du regard. Il comprend, il ne me juge pas. Il se lève et va chercher un cendrier.

– Si vous voulez fumer, cela ne me dérange pas.

Quel changement par rapport aux flics de ce matin !

– Voilà. Êtes-vous prête à tout me raconter ? Car pour le moment, je ne sais que très peu de chose. J'ai juste eu connaissance de la lettre de mon collègue.

– Oui, c'est bon, allons-y.

Je recommence à raconter mon histoire de la veille, mais cette fois avec tous les détails, sans rien omettre, même si c'est affreux. Je ne peux pas y échapper si je veux espérer voir un jour mon bourreau enfermé entre quatre murs pour longtemps.

L'inspecteur me présente plusieurs modèles de couteaux et de cutters afin que je puisse les comparer avec celui de l'agresseur. Je confirme qu'il s'agissait bien d'un couteau, avec une lame d'au moins vingt centimètres, genre grand couteau de cuisine.

Parfois, les larmes me montent aux yeux, ma gorge se noue quelques instants, mais je résiste encore. Je ne veux pas succomber à ma faiblesse, ce n'est pas le moment. Plus je serai rapide et précise, plus tôt les policiers pourront débuter leur enquête.

J'insiste bien sur le fait que je ne voulais pas mourir, que pour moi, la seule solution pour rester en vie était d'obéir, de subir. Je n'avais absolument pas le choix. Sur le coup, ma vie était la seule chose qui importait. L'inspecteur m'écoute, sans m'interrompre, puis reprend la parole.

– Pour finir, à quel moment et comment est-il parti de chez vous ?

– Eh bien quand il a fini, il a remis son pantalon et s'est écroulé sur le lit, puis il s'est mis à pleurer en me disant que ce n'était pas sa faute s'il avait agi ainsi. Son père est mort il y a six mois et ça l'a beaucoup perturbé. Donc depuis ce temps-là, il se drogue. Son père était soi-disant devenu clochard et il vivait seul dans un bungalow.

– Il arrive parfois que les agresseurs se cherchent des excuses après leur crime. En revanche, s'il était vraiment sous l'emprise de la drogue, reste à savoir si ce qu'il vous a raconté est vrai. Il a très bien pu délirer.

Je rétorque vivement.

– Je peux vous certifier que lorsqu'il menaçait de me tuer avec son couteau sous la gorge, en me faisant subir tout ça, il n'avait pas l'air de délirer. Il semblait tout à fait conscient.

– Au fond, c'est ce que je souhaite. Il sera jugé responsable de ses actes. Pensez-vous pouvoir le reconnaître ?

– Bien sûr. Son visage, sa voix, tout est très clair dans mon esprit. Il m'a demandé de ne pas le regarder. C'est complètement ridicule, car juste avant, on s'était parlé face à face au sujet de l'appartement qu'il cherchait.

– C'est très fréquent. Les agresseurs ne souhaitent pas être observés pendant leurs actes.

Je lui donne alors une description très précise de l'individu. L'inspecteur prend une nouvelle inspiration.

– Je dois vous apprendre quelque chose. Il y a quelques jours, une jeune fille est venue nous signaler qu'un homme avait frappé chez elle le soir, sous un prétexte à peu près similaire à celui de votre agresseur. Une histoire d'appartement. Il a ensuite demandé à aller aux toilettes, elle a accepté, puis il est parti sans rien faire d'autre. Pourtant, un peu plus tard dans la soirée, elle a retrouvé la fenêtre des w.-c. ouverte, et elle est persuadée qu'elle ne l'était pas avant que ce type arrive. Elle n'a pas porté plainte car il ne s'est rien passé de grave, mais elle a tenu à nous le signaler, parce qu'elle a trouvé l'incident plutôt étrange. Il y a deux jours, une autre jeune fille, qui habite également en centre-ville, a déposé une plainte. Même scénario pour l'appartement, il a aussi demandé à aller aux toilettes, elle a refusé, il est parti. Seulement, quelques minutes plus tard, elle l'a aperçu devant sa fenêtre, le pantalon baissé. Les descriptions que ces deux filles ont faites ressemblent beaucoup à la vôtre. Il se pourrait qu'il s'agisse de la même personne, mais pour le moment, je ne peux rien affirmer, bien sûr. Vous êtes malheureusement le premier cas grave, la première victime. S'il s'agit du même homme, jusqu'où peut-il aller ? Il faut absolument agir très vite. Seriez-vous prête à nous aider à établir un portrait-robot ?

– Pas de problème, au contraire.

– Merci de votre collaboration, elle nous est vraiment très précieuse. Dernière chose, avez-vous vu un médecin ?

– Non, pourquoi ? J'aurais dû ?

– Oui, il le faut, bien entendu, pour vous et pour les besoins de l'enquête. Je vais vous faire un courrier et vous irez dès aujourd'hui à l'hôpital consulter le médecin légiste. Là-bas, on vous examinera pour vérifier qu'il n'y a pas de séquelles physiques. On vous fera aussi des prélèvements qui peuvent permettre d'identifier l'agresseur. L'idéal aurait été de pratiquer ces examens cette nuit, avant de vous laver.

– Oui, les policiers me l'ont dit cette nuit, mais évidemment, je n'en savais rien. Mon premier réflexe a plutôt été d'aller me laver.

– Je comprends bien. Il est tard, vous devriez rentrer déjeuner. Je vais vous demander de vous tenir à notre disposition, à commencer par cet après-midi. Retrouvez-moi ici, dans deux heures. Nous nous rendrons ensemble chez vous avec mon équipe pour relever des empreintes et réaliser des photos des lieux. Ensuite, vous irez à l'hôpital.

– Très bien, à cet après-midi.

Me voilà à nouveau seule dans la rue, regagnant ma voiture d'un pas rapide. Mes pensées recommencent à tourbillonner. On me parle de séquelles physiques, mais à aucun moment, on ne fait allusion aux séquelles psychologiques. En dehors du cadre strict de l'enquête, personne ne me conseille, personne ne m'écoute. C'est absolument incroyable. Je viens de porter plainte, pour viol, et on me relâche dans la nature, seule, avec tout un tas de démarches exténuantes à accomplir. On ne se préoccupe pas de savoir si je suis perturbée ou à bout. On m'envoie seule à l'hôpital pour subir des examens, alors que je suis terrorisée dans la rue et que mon immonde agresseur est toujours en liberté. Je dois me débrouiller sans aucune aide. C'est donc ce que je ferai, je n'ai pas d'autre choix. Pourtant, je n'en veux pas à l'inspecteur qui m'a reçue. Il a été gentil et prévenant. Il a fait ce qu'il a pu, dans la limite de ses possibilités.

Il est 13 heures. Trop tard pour aller manger au restaurant universitaire. De toute façon, je suis incapable d'avaler quoi que ce soit. Je ne sais pas vraiment quoi faire, comment agir, et je retourne par réflexe à mon appartement. Je suis encore totalement sous le choc, j'agis toujours comme un automate. Jamais plus par la suite, je n'aurai le courage d'y remettre les pieds.

Cet état de choc intense, je vais le subir tout au long de cette journée, au cours de laquelle je n'aurai pas une minute à moi. L'angoisse de ce matin a cédé la place à un immense vide blanc, comme si tous mes sentiments, toutes mes émotions avaient quitté mon corps au même moment, le soir de l'agression. Bien entendu, les phobies referont surface de façon terrible un peu plus tard et sur du long terme, cette fois…

Je passe ainsi un moment, seule dans mon appartement, incapable de bouger. Puis arrivent Pascal, Benoît, Sandra et deux autres amis de notre classe.

– Je m'inquiétais en ne te voyant pas venir manger, me dit immédiatement Pascal. On est passé chez toi par hasard, on ne pensait pas te trouver à l'appartement. Comment as-tu eu le courage de venir là toute seule ?

Il semble complètement sidéré de me voir ici.

– Disons qu'il fallait bien que j'aille quelque part. Je sors seulement du commissariat. Je n'ai pas encore mangé, mais je n'ai pas faim.

Les filles ont été mises brièvement au courant des faits par les garçons, mais j'ai besoin de leur raconter moi-même les circonstances de l'agression. Je dois surtout les mettre en garde contre ce fou dangereux en liberté. Je ne m'appesantis pas sur les détails, par pudeur, mais leur explique tout de même que l'agression est « qualifiée de viol ». C'est l'expression officielle des policiers, et aussi celle que j'utiliserai souvent à l'avenir, car elle me paraît plus « légère » à lâcher, comme si elle me distanciait et me protégeait de l'événement en lui-même.

Elle fait pourtant l'effet d'une bombe. Je viens d'annoncer à mes amis que j'ai été violée. Tout le monde reste bouche bée, ne sachant plus quoi ajouter. Que dire de plus, de toute façon ? Toute phrase serait malvenue. C'est Pascal qui rompt ce silence de plomb.

– As-tu averti tes parents ?

– Non, pas encore. En fait, je n'ai pas eu le temps d'y réfléchir, entre la déposition et tout le reste. Et puis surtout, je ne sais pas comment leur annoncer ça, ça va leur faire beaucoup de peine. Ils vont être horrifiés.

– Certainement, mais tu n'as pas le choix. Tu ne peux pas leur cacher plus longtemps.

– Attends, que les choses soient claires. Je ne veux rien leur cacher, bien sûr. Il est évident que je vais le leur dire, mais il faudra trouver les bons mots, ce n'est pas facile. Et surtout pas par téléphone. Normalement, je dois aller chez eux ce week-end.

– Écoute, reprend Pascal, n'attends pas ce week-end. Tu fais tout de suite tes valises, tu retournes voir l'inspecteur comme convenu, puis tu vas à l'hôpital et tu pars aussitôt après. D'accord ? Penses-tu que ça ira ?

– Oui, tu as sans doute raison, mieux vaut ne pas attendre plus longtemps. Mais il faut aussi que j'emmène mon ordinateur et mes cours. Le rapport de stage est à rendre pour la semaine prochaine.

– Tu ne comptes tout de même pas travailler là-bas !

Pascal est très ému, mais malgré son désarroi, il essaie de rester calme, lucide, pour ne pas m'inquiéter davantage. Une fois de plus, il prend les choses en main et tranche les décisions. J'ai besoin de lui ainsi, fort, décidé.

Apparemment, bien que je sois la première concernée, je suis encore la seule à ne pas comprendre à quel point ma vie risque d'être perturbée. Je m'accroche donc à mes chimères.

– Je n'ai pas le choix, tu connais le règlement strict de l'école. Je manque déjà une journée de cours, c'est un coup à me faire virer définitivement.

– Comme tu veux, mais demande à l'inspecteur de te faire une attestation comme quoi tu étais au commissariat.

– Oui, mais qu'est-ce que je vais raconter aux profs ? Je ne vais quand même pas leur dire ce qu'il s'est passé.

– Écoute, on verra ça plus tard, ce n'est pas la priorité pour le moment.

Je comprendrai par la suite que Pascal est irrité par la réaction des autres. Ce matin, quand il a annoncé aux élèves la raison de mon absence, certains d'entre eux ont cru à un canular…

Mon amie Sandra intervient.

– Pascal a raison. Fais ce qu'il te dit, pense à toi.

Je prépare donc rapidement un sac de voyage, avec l'aide des filles. Mes amis sont gentils et prévenants, ils sont là, tout simplement, sans en faire trop. Les filles sont choquées, les garçons, anéantis. Et pourtant, tout le monde parle, commente, pose des questions, imagine… sans pour autant prendre conscience du désastre psychologique qui s'installe insidieusement en moi. Une fois mes affaires prêtes et avant d'aller rejoindre l'inspecteur C. au commissariat, je dépose Pascal à notre cours de sport hebdomadaire.

Même s'il s'efforce de rester maître de la situation, je vois bien à sa mine fermée qu'il s'inquiète à l'idée de me voir partir seule pour Cherbourg après un choc pareil. Il n'a rencontré mes parents qu'une seule fois, mais il imagine sûrement très bien leur douleur à l'annonce de cette terrible nouvelle.

4

La visite médicale

Avril 1996, jeudi

Comment allez-vous ? s'inquiète l'inspecteur C. en m'accueillant. Nous allons nous rendre chez vous avec deux de mes hommes. Il se peut que nous emportions des objets, si nous trouvons des empreintes.

– D'accord, je vous suis.

Nous montons tous les quatre dans une voiture banalisée. Durant le trajet, l'inspecteur C. me parle de choses et d'autres, de sa région natale en particulier, l'Est de la France, puis m'interroge sur mes parents. Malgré ses efforts pour dédramatiser la situation, je redoute à présent de retourner à l'appartement pour faire cet état des lieux. Tout cela prend des proportions inimaginables, lugubres, morbides. J'ai l'impression que je vais découvrir là-bas mon propre corps, ravagé de coups de couteau.

Arrivés sur place, je fais entrer les enquêteurs, résume à nouveau les faits, désigne les endroits. Le photographe prend plusieurs clichés du lit, des rideaux, des fenêtres, du séjour, des w.-c. Tout y passe. Quant à l'autre policier, il cherche des empreintes partout et vérifie qu'il n'y a pas eu d'effraction.

– Peut-il y avoir des traces de sperme quelque part ? demande l'inspecteur.

– Oui, sur l'oreiller, plus précisément.

– Très bien. Les gars, prenez la taie avec vous, c'est une pièce à conviction. On la fera analyser et elle sera conservée jusqu'au procès. En revanche, vous ne pourrez pas la récupérer, cela n'a pas d'importance ?, m'interroge-t-il en se tournant vers moi.

– Bien sûr que non. De toute façon, j'ai bien l'intention de tout jeter, le lit avec.

Au bord de la nausée, je les laisse finir en attendant dans le hall de l'immeuble. J'essaie de me calmer en fumant une cigarette. Même si je l'apprécie, elle ne m'apporte pourtant pas l'effet escompté. Cette fois c'est sûr, je ne remettrai plus jamais les pieds ici. Mon joli petit appartement est subitement devenu infâme, une vision de cauchemar et de perversité. C'est peut-être à ce moment précis que je réalise la violence des actes que j'ai subis, du viol dont j'ai été victime. Je ne peux pas encore prononcer ce mot tout seul. Je pense à mes parents. Comment vont-ils réagir, ce soir ? Pourquoi un tel malheur ? Le courage commence à me faire défaut. Et puis j'en ai marre de tout ça, de ces policiers qui font soudainement irruption dans ma vie privée, même si c'est pour m'aider. Pour m'aider à quoi, finalement, puisque le pire est déjà arrivé ? C'est trop tard. J'ai hâte que ça se termine, j'ai envie d'être seule, sans qu'on me pose de questions, sans formalités à accomplir, sans avoir à répéter inlassablement les mêmes scènes affreuses. Je voudrais simplement être tranquille chez moi. Tranquille… Je ne pourrai plus l'être avant longtemps. Quant à chez moi, c'est devenu impossible. Je n'ai plus de chez moi. D'ailleurs, comment vais-je m'organiser ? Où vais-je vivre, désormais ? Il va bien falloir trouver une solution stable, je ne peux tout de même pas me faire héberger chaque soir. En même temps, l'idée de vivre seule me terrorise. Cet essaim brouillon de pensées et de questions me tiraille de toutes parts et s'ajoute à mon épuisement. Je m'efforce de rester calme. Pour le moment, je n'ai pas le loisir de prendre une quelconque décision seule. Il me faut suivre les directives et approuver sans rechigner. Il me semble que je subis tout depuis hier, même le pire, sans avoir mon mot à dire. J'ai envie de crier ma colère, mais encore une fois, je ne dis rien, je ne laisse rien paraître et j'obéis sagement. Cela ne me ressemble pas, moi qui d'ordinaire ne mâche pas mes mots et suis même plutôt très directe. Il faudra bien que je m'y fasse, car à partir d'aujourd'hui, je vais changer, et plus rien ne me ressemblera jamais.

Les policiers ont terminé leurs recherches. Ils posent un scellé sur ma porte et nous retournons ensemble au commissariat. J'ai l'impression de ne faire que ça depuis ce matin, des allers et retours sans fin.

Il est maintenant temps d'aller à l'hôpital. Je suis à bout de forces, cette journée me paraît interminable. Ensuite, je devrai encore rouler presque quatre heures pour arriver à Cherbourg.

J'aurais vraiment besoin de quelqu'un pour affronter cette nouvelle épreuve chez le médecin légiste. Il n'y a qu'une seule personne que je souhaite avoir près de moi, c'est Pascal. L'inspecteur C. interrompt le cours de mes pensées.

– Ne faites pas de bêtises, il faut absolument aller à l'hôpital. Vous verrez, tout se passera bien. J'aurai encore besoin de vous demain matin pour établir le portrait-robot.

– Oh ! Mais je comptais rentrer chez mes parents ce soir.

Je suis dépitée. Ma voix est prête à se briser.

– Oui, c'est tout à fait naturel, ajoute-t-il d'un ton réellement compatissant. Mais plus vite nous aurons une idée de son visage, plus vite nous pourrons affiner nos recherches. Nous diffuserons son portrait un peu partout dans la ville.

– Très bien, vous pouvez compter sur moi.

– Alors bon courage, et à demain, 9 heures.

Je reprends mon véhicule pour rejoindre l'hôpital, munie du courrier de l'inspecteur à l'attention du médecin légiste. Il me faut près de quarante-cinq minutes pour m'y rendre. La circulation est dense en fin d'après-midi. Médecin légiste. Rien que la dénomination m'effraie. Je me présente au service des urgences médico-légales, situé au premier étage du bâtiment. Une femme m'accueille poliment, lit rapidement la lettre que je lui tends et me fait patienter dans un couloir froid. Je grelotte. L'endroit est aussi peu attrayant que le premier commissariat de ce matin. Au bout de ce qui me semble une éternité, un médecin me fait entrer dans une pièce. Lunettes rondes, blouse blanche, banal. Je réalise que c'est cet homme qui va m'ausculter, et je suis terrifiée. Devant mon air affolé, il tente de me rassurer en m'expliquant gentiment qu'il sera assisté d'une femme.

– N'ayez aucune crainte, je comprends votre inquiétude. L'infirmière sera présente durant tout le temps de l'examen. Je vais sortir de la pièce et vous allez vous déshabiller entièrement. Prenez tout votre temps. Je vous laisse.

Nerveusement, j'enlève tous mes vêtements et les pose sur une chaise prévue à cet effet. Je m'allonge et attends. Qu'est-ce qu'on va me faire ? Est-ce que je vais avoir mal ? Encore une fois, on ne m'explique rien. L'infirmière a néanmoins pris soin de me couvrir d'un drap. Puis le médecin réapparaît. Il débute son examen gynécologique tandis que son assistante essaie de me distraire, en vain. Je suis terriblement tendue. Après un viol, dévoiler à nouveau son intimité de façon imposée est la chose la plus terrible qui soit. Vient le moment où il faut enlever le drap. C'est impossible pour moi. La voix du médecin se veut rassurante.

– Je dois examiner tout votre corps pour voir si vous portez des traces de coups ou des blessures suite à une éventuelle lutte.

– Ce n'est pas la peine, il n'y a pas eu de lutte.

– C'est possible, mais je dois vérifier moi-même.

– C'est certain puisque je vous le dis. Je le sais bien, quand même !

J'éprouve une forte envie de pleurer. Je me sens doublement humiliée, salie, trahie. D'abord par les actes que j'ai subis hier, puis par le manque de confiance de ce médecin qui ne semble pas me croire. Il fait sans doute correctement son travail, mais j'ai du mal à l'admettre. J'ai envie de m'enfuir en courant, j'ai besoin qu'on me fiche la paix. J'ai honte. Je dois malgré tout me plier aux exigences du légiste et le laisser m'ausculter. L'examen terminé, je me sens soulagée, et me rhabille rapidement.

– Vous aurez les résultats mercredi prochain, si tout va bien.

– Comment ça, si tout va bien ?

– J'ai effectué des prélèvements pour vérifier s'il y a présence de maladies sexuellement transmissibles, ainsi que d'éventuelles traces d'ADN. Pour ça, il aurait été vraiment préférable de pratiquer l'examen juste après l'agression.

C'en est trop. Cette fois, j'explose.

– Je sais, tout le monde me le rabâche depuis hier, simplement sur le moment, je ne le savais pas, merde alors !

– Ne le prenez pas mal, je ne vous fais aucun reproche. Tout le monde réagit comme vous, sur le coup.

– Je me fiche pas mal de la façon dont réagissent les autres.

– Allez, je vous libère, maintenant. Bon courage pour la suite.

En dépit de son accueil cordial et professionnel, ce médecin m'a exaspérée. En réalité, c'est moi qui commence à devenir irascible. Je suis épuisée et mes nerfs sont prêts à lâcher.

Le fait de ne pas pouvoir me rendre chez mes parents me contrarie vraiment beaucoup. J'ai besoin d'eux, tout de suite. Là-bas, je pourrais trouver l'épaule nécessaire. On saurait m'écouter, me cajoler, et je ne demande rien d'autre en cet instant. Ma maigre consolation est la certitude que je n'aurais pas eu la force de rouler seule si longtemps, dans cet état. Je sens que j'ai besoin de craquer pour évacuer un peu de ma douleur. Ma vue se brouille, et c'est ainsi que je me rends tout naturellement chez Pascal. Lorsque j'arrive chez lui, il est déjà rentré de cours. Mon arrivée inopinée le surprend, mes yeux remplis de larmes le troublent, mais ma présence le rassure. Il est visiblement heureux de me voir.

– Tu es là ! Quel soulagement ! Si tu savais comme je m'en veux de t'avoir dit de prendre la route seule. J'ai été tellement bête.

Pascal n'ose pas me prendre dans ses bras et me serrer contre lui. Pourtant, j'aurais tellement aimé me reposer sur son épaule. Peut-être a-t-il peur de me brusquer, peur de ma réaction face à un contact physique ? Il me semble lire tout ça dans son regard.

– Pourquoi n'es-tu pas partie, finalement ?

– Les flics ont encore besoin de moi demain matin, je dois essayer de faire un portrait-robot. Mais avant, ils vont me montrer une série de photos de délinquants et criminels sexuels remis en liberté, pour voir si j'en reconnais un.

Je lui raconte alors mon après-midi.

– J'en ai marre, tu sais. Je n'ai plus la force de supporter tout ça, et puis, j'ai peur maintenant, dans la rue, partout. Je roule même avec les portières verrouillées, je sais que c'est ridicule, mais tant qu'il est en liberté, j'ai toujours peur qu'il me surprenne et se venge. J'ai vraiment la trouille.

Pour la première fois, je laisse libre cours aux larmes et aux sanglots qui me nouaient la gorge. Je pleure un très long moment, cela me fait du bien. Pascal me dit simplement :

– Laisse-toi aller, pleure, ça te soulagera.

Il pose ses mains sur mes épaules et m'écoute pleurer, sans rien ajouter. Je me sens enfin comprise, sans être questionnée pour une fois. Son silence me réconforte. Sans qu'il me le demande, c'est moi qui reprends la parole.

– Je vais te raconter ce qu'il s'est passé exactement hier soir, car en fait, tu ne sais pratiquement rien. Je te dois bien des explications et à toi, je peux le dire, même si c'est très difficile.

– C'est vrai, j'ai besoin de comprendre, mais c'est toi qui vois si tu es prête, je ne t'impose rien.

– Merci.

Alors je commence mon récit, avec tous les détails. Cette fois, c'est Pascal qui ne peut pas retenir ses larmes. Des larmes de tristesse et de colère.

– Ce n'est pas vrai, ce n'est pas possible ! Pourquoi ? Pourquoi toi ? siffle-t-il quand j'ai terminé. Le salaud, si seulement il pouvait être là maintenant, je te jure que je lui ferai la peau.

Je suis sûre d'une chose chez Pascal. Il pense toujours ce qu'il dit, ce qui lui vaut d'ailleurs parfois d'être craint par nos amis. Sa révolte et sa tristesse sont réelles, sincères, absolument pas feintes.

– Je sais, mais pour l'instant, on ne peut rien faire d'autre qu'attendre. Il paraît que ça peut prendre des mois avant qu'ils ne le retrouvent et l'arrêtent.

– J'espère seulement que ça ira vite.

Nous restons là un long moment silencieux assis sur le canapé, chacun perdu dans ses pensées. Nous sommes bien ensemble, malgré tout, malgré ça…

– Il faut te changer les idées, ce soir. Veux-tu aller manger en ville ? On peut appeler Sandra et Ben, si tu veux.

– O.K., appelle-les.

Il se charge de tout et fixe rendez-vous à tous dans une pizzeria du centre.

– Sandra te propose de venir dormir chez elle ce soir. C'est bon, ça te va ?

– Bien sûr, c'est gentil de sa part.

Avant de sortir, je prends une douche et prépare quelques affaires pour la nuit. C'est si bon d'avoir des amis fiables dans un moment pareil. Sans eux, j'aurais du mal à faire face.

– Dis-moi, j'ai une idée, m'annonce Pascal quand je sors de la salle de bains. Demain, après ton passage au commissariat, tu rentres chez tes parents, n'est-ce pas ?

– Oui.

– Eh bien tu n'iras pas seule, je t'accompagnerai. Nous partirons demain midi.

– Mais tu ne vas pas manquer les cours pour moi ! Ne t'inquiète pas, ça va aller.

– Je me fiche pas mal des cours aujourd'hui, je veux t'accompagner, je t'aiderai à annoncer ça à tes parents.

– Comme tu veux, d'accord.

Au fond de moi, je suis soulagée de sa proposition. Je n'ai plus aucune force, et Pascal va me soutenir dans un moment très pénible. Je lui en suis déjà très reconnaissante.

Cette soirée au restaurant m'apaise un peu. Mes amis essaient de me faire rire en plaisantant le plus possible, même si le cœur n'y est pas réellement. Pourtant, au moment de quitter le restaurant, je me sens complètement angoissée à l'idée de sortir. Il fait nuit. Je suis sur mes gardes, méfiante, nerveuse. J'ai peur de tout le monde, je m'attends à le voir surgir de nulle part, avec son effroyable couteau.

Je me précipite dans la voiture et m'assieds sur le siège arrière, près de mon amie.

– Tu te sens bien ? me demande doucement Sandra.

– Oui c'est bon, ça va mieux maintenant, je suis seulement un peu stressée.

Les garçons nous déposent devant l'immeuble de Sandra et attendent que nous soyons bien rentrées avant de repartir.

– Fais comme chez toi, installe-toi, tu connais la maison, m'annonce Sandra.

Bien sûr que je connais par cœur son petit studio, pour y avoir souvent passé d'excellents moments à rire ou à discuter à bâtons rompus. Une vingtaine d'années comme moi, Sandra est plutôt grande, mince, une fille gaie et enjouée, la bonne copine par excellence. Nous venons de milieux assez semblables. Ses parents tiennent une supérette tandis que les miens dirigent un centre commercial dans les environs de Cherbourg. Ce qui m'a toujours marquée chez Sandra, c'est son incroyable crédulité ainsi que son romantisme indécrottable. Célibataire, elle attend son prince charmant de pied ferme. Seul point noir, elle ne jure que par la variété française, alors que je suis plutôt branchée Clash ou Nirvana !

Nous nous couchons rapidement, je suis exténuée. Pourtant, je trouve encore la force de parler longuement. L'une ressent le besoin de comprendre ce qui s'est réellement passé et l'autre, le besoin de partager ses émotions avec sa meilleure amie. Sandra est évidemment horrifiée en apprenant ce que j'ai vraiment subi, hier soir. Mais il est vital pour mon équilibre que ceux qui me sont le plus proches sachent réellement ce qui s'est passé. Je lui parle aussi de Pascal.

– Il m'aide beaucoup, tu sais. Cette épreuve nous rapproche à nouveau. Malheureusement, j'aurais préféré que ce soit dans d'autres circonstances. Mais j'ai le sentiment qu'il éprouve toujours quelque chose pour moi. Ce n'est pas uniquement de l'amitié, ni même de la pitié. Je ne peux pas dire pourquoi, mais je le sens, c'est tout.

– Alors, je suis contente pour toi, me répond sincèrement mon amie, avant que nous nous endormions.

5

L'annonce du viol

Avril 1996, vendredi

Le lendemain matin, Sandra part la première en cours. Je me prépare, mais le fait d'être seule dans l'appartement me provoque une nouvelle crise de panique. Pascal m'a déjà téléphoné pour savoir si tout allait bien, il est vraiment aux petits soins. Cela me donne la force d'avancer.

Une fois prête, je me rends au commissariat. Là-bas, tout le monde semble désormais informé de ce qui m'est arrivé. Lorsque j'arrive dans les locaux, plus personne ne me demande qui je suis ni ce que je viens faire ici. L'inspecteur C. m'accueille et me conduit dans un bureau, où je passe plus d'une heure à examiner des photos d'hommes déjà arrêtés, puis remis en liberté. Certains sont des récidivistes, d'autres ont de fortes probabilités de le devenir, c'est effrayant. Je ne saurais dire combien de têtes défilent ainsi devant mes yeux. Une quantité incroyable. Ce qui est le plus impressionnant, c'est de constater que tous ces criminels n'ont pas forcément « la tête de l'emploi ». Ce qui les rend d'autant plus difficiles à repérer dans la vie de tous les jours. Certains, bien entendu, ont des tronches à faire peur, des gueules cassées. Mais la plupart sont des « monsieur tout le monde qui présente bien ». Comme le mien. Mon agresseur à moi. Un type propre sur lui, ni beau ni moche, ni classe ni voyou. Celui à qui l'on peut s'adresser sans crainte. Seul son regard était perçant, trop perçant… Je m'en souviendrai toute ma vie.

Après que j'ai examiné les séries de photos, un policier m'aide à faire une description précise de mon agresseur afin de réaliser le portrait-robot. Cela prend énormément de temps, plusieurs heures dans mon souvenir. Je feuillette un livre très particulier, avec des visages divisés en trois parties, que je peux assembler à ma guise. Tel nez, avec tels cheveux, etc. Bien que le visage de mon agresseur soit très précis dans ma tête, j'ai l'impression que je ne parviendrai jamais à le coucher sur papier.

Je suis ainsi perdue dans mes pensées, lorsque C. fait irruption dans le bureau. Il semble agité.

– Céline, un homme vient d'être interpellé. Il se pourrait que ce soit votre agresseur. Il va falloir que vous veniez pour une identification. Ne vous inquiétez pas, vous le verrez derrière une vitre sans tain. C'est-à-dire que lui ne pourra pas vous voir, nous serons à vos côtés. Nous allons l'installer et je vous appellerai dans quelques minutes.

Il sort. Mon Dieu ! Tout cela arrive tellement subitement. Je n'ai pas le temps de réfléchir, ni de me poser de questions. Je dois y aller. Je me sens à la fois soulagée et terrorisée à l'idée de le revoir. J'aperçois furtivement un homme menotté passer derrière une porte vitrée, sans pouvoir distinguer son visage. Je suis très angoissée. Fort heureusement, je suis assise, car mes jambes tremblent sans que je parvienne à les contrôler.

Quelques minutes plus tard, on me fait pénétrer dans une petite pièce sombre, où se trouvent l'inspecteur C. et deux autres policiers. C. tente de me rassurer, sans pour autant me cacher que l'épreuve va être difficile. Je suis complètement perdue. Une fois encore, j'aurais tellement besoin d'être soutenue, à ce moment précis…

L'inspecteur m'explique la procédure.

– Huit hommes vont vous être présentés. Ils ne vous voient pas, je vous le rappelle. Ils portent tous un numéro, vous avez juste à bien les regarder et à nous donner le numéro de votre agresseur si vous le reconnaissez parmi eux. Est-ce que ça va aller ? Essayez de vous détendre un peu.

L'agacement me gagne à nouveau. Comment puis-je être détendue dans un moment pareil ? Toutes les horreurs de l'avant-veille défilent en quelques secondes dans ma tête. Ses horribles mains, son couteau, ses yeux, sa voix… Puis la lumière derrière la glace s'allume sur les hommes. Il me suffit de quelques secondes pour les examiner et constater que celui que je cherche n'est pas présent.

– Non, il n'est pas là.

– Vous en êtes absolument certaine ? Prenez tout votre temps.

Je suis énervée et agressive.

– Je n'ai pas besoin de temps. Puisque je vous dis qu'il n'est pas là. Tout ce que je peux ajouter, c'est que je n'aimerais pas rencontrer seule le numéro cinq, il a vraiment une sale tête à faire peur. De quoi est-il accusé, celui-là ?

Les policiers autour de moi se mettent à rire. Piquée au vif, je leur demande ce qu'il y a de si drôle.

– Le « numéro cinq », comme vous dites, est l'un de nos hommes, un policier.

Je me sens mal à l'aise mais ne cherche pas à m'excuser. Après tout, j'ai dit ce que je pensais.

– Mince ! Enfin, policier ou pas, il fait peur quand même.

– Vous savez, rétorque l'inspecteur C. d'un air amusé, il est parfois utile de ne pas avoir l'air trop « flic. » C'est plus facile pour s'introduire dans certains milieux.

– Mais alors, tout ça n'est qu'une mise en scène. Personne n'a été arrêté ?

– Si, il y a bien eu des arrestations tout à l'heure, mais c'est vrai que nous procédons souvent ainsi. Environ la moitié des hommes était des policiers. En vous prenant au dépourvu, ça évite que vous ayez trop le temps de stresser.

– C'est complètement dingue.

Je ne sais pas si je dois me sentir abusée ou rassurée par ces propos. Le fait d'avoir vu les policiers rire me détend un peu. Leur objectif était de ne pas me laisser le temps d'angoisser. Ils ont pensé bien agir.

De retour dans le bureau de l'identité judiciaire, j'essaie de terminer ce foutu portrait-robot. Après cette parenthèse surréaliste de l'identification, j'éprouve beaucoup de difficultés à me concentrer. Mais je me fais violence. Je dois y arriver, pour la suite de l'enquête. Au bout de plusieurs tentatives, ça y est, je trouve enfin la bonne « combinaison » et mon sang se glace dans mes veines. Mon violeur est presque à nouveau devant moi. Cheveux courts, un visage un peu allongé, des yeux bleus, sombres, un strabisme à l'œil droit, une barbe de deux ou trois jours. Il est banal. Passe-partout. Mon monstre. Je tends le résultat au policier, qui déclare qu'il va travailler dessus et le dessiner correctement. Je suis épuisée. L'inspecteur C. est appelé immédiatement.

– Nous allons le diffuser partout dans la ville et le communiquer également à tous les commissariats de France, déclare-t-il. Est-ce que votre ami Benoît pourrait passer me voir rapidement, pour essayer de l'identifier à partir du portrait ? Il l'a croisé, ce soir-là. J'aurais besoin de sa déposition ainsi que celle de Pascal, pour qu'ils me racontent leurs versions des faits. Demandez-leur de venir avec vous lundi matin, vous verrez le portrait terminé. Maintenant je vous libère, mais je dois savoir exactement où je peux vous joindre tout le week-end. Laissez-moi l'adresse et le téléphone de vos parents.

Je quitte enfin le commissariat. J'ai l'impression que c'est ma seconde demeure du moment. Je suis heureuse de retrouver Pascal et qu'il m'accompagne chez mes parents.

Il est presque 16 heures. Nous roulons depuis bientôt trois heures vers Cherbourg et discutons de choses et d'autres pour camoufler notre angoisse. Plus l'heure tourne, plus je suis stressée à l'idée de voir mes parents. Je me suis toujours très bien entendue avec eux. Papa et Maman ont respectivement 46 et 42 ans, et vingt-cinq centimètres d'écart. Maman est petite avec des étoiles dans ses yeux bleus, mais un caractère bien trempé. C'est une femme de tête, qui sait s'imposer. Une fonceuse, avec une grande capacité d'écoute. Elle a la réputation d'être la confidente de tous. Quant à Papa, son charisme impressionne tout le monde, sauf mon frère et moi ! C'est le papa le plus cool et le plus amusant de la terre, si tant est que la terre a des frontières à ne pas franchir. Il est l'incarnation de la sagesse et de la bonté réunies, mais il est pudique dans la démonstration de ses sentiments. Nous formons, avec mon petit frère Sylvain, une famille unie et heureuse. Respect, honnêteté, travail et humilité ont toujours été nos fils rouges dans la vie. Nous vivons dans une grande maison, où le rire tient une place prépondérante. Et bientôt, je vais tout briser. Je vais devoir leur faire supporter l'insupportable. J'ai terriblement honte. En fait, ce n'est absolument pas leur réaction vis-à-vis de moi que je crains, mais surtout la peine qu'ils vont ressentir. Je ne veux pas être la cause d'une telle souffrance pour eux, et pourtant cette fois, je n'y échapperai pas. Ils seront forcément profondément affectés, et si je le pouvais, j'aimerais leur éviter ça. Cependant, c'est trop tard, c'est arrivé, et maintenant je n'y peux plus rien. Il va me falloir être forte face à eux, ne pas trop montrer mon propre désarroi, pour tenter d'amoindrir le choc qu'ils vont recevoir.

Pour Pascal aussi, la situation est éprouvante. Il n'a rencontré mes parents qu'une seule fois et il n'est jamais venu à Cherbourg. Il va devoir m'aider à annoncer la nouvelle, et, à vrai dire, ni l'un ni l'autre ne savons encore comment nous allons nous y prendre.

Arrivés à l'entrée de la ville, je ne suis plus en état de prononcer un seul mot et nous roulons en silence. Notre maison est située en dehors de la ville, dans un petit village. Je parviens tout de même à indiquer à Pascal la route pour aller jusque chez moi. Quelques minutes plus tard, il gare la voiture dans la cour, fermée de chaque côté par des dépendances. L'imposante bâtisse de pierres grises se dresse devant nous. La glycine qui s'est installée sur la façade depuis des décennies commence tout juste à fleurir à cette saison. Je me concentre sur tous ces détails. Voilà, cette fois, nous ne pouvons plus reculer. Je ne sais plus si je dois me sentir angoissée ou soulagée d'arriver dans cette maison accueillante que j'aime par-dessus tout. Je sais seulement que je vais y laisser des traces indélébiles, effroyables.

La première personne que nous voyons est mon frère. Sylvain a 19 ans et il est étudiant en DUT commercial. Il semble surpris de me voir arriver si tôt dans l'après-midi. Il rencontre Pascal pour la première fois.

– Salut, ça va ? Comment se fait-il que tu sois déjà là ? me demande-t-il en m'embrassant.

Je me sens prise au dépourvu. Comment lui dire ? Que lui dire ? Je mens. Ma voix sonne faux.

– Un de nos profs est absent cet après-midi, nous avons été libérés de bonne heure, et je n'avais pas envie d'attendre ce soir pour rentrer. Papa et Maman sont au travail ?

– Oui, au magasin. Ils ne vont pas rentrer avant 20 heures, comme d'habitude. Bon, je vous laisse, à plus tard.

Sylvain retourne dans sa chambre et, même s'il me regarde d'une manière insistante, il s'abstient de me questionner. Il n'était pas au courant que je devais venir passer le week-end avec Pascal, d'autant plus qu'il savait que nous avions rompu très récemment.

Je fais entrer Pascal dans la maison. Dans l'entrée, un large escalier de granit mène aux étages. Je guide mon ami vers la gauche, nous traversons le séjour, tapissé d'une toile murale bleue, et nous installons dans la cuisine. Pascal pose ses grandes mains sur la table et me regarde avec insistance.

– Bon, maintenant il n'y a pas de temps à perdre. Il faut que tu appelles tes parents et que tu leur demandes de rentrer tout de suite.

– Tout de suite ? Ce sera difficile pour eux, ils ont certainement beaucoup de travail.

Le centre commercial que dirigent mes parents leur prend tout leur temps. La grande distribution est un milieu difficile, qui réclame un investissement sans faille et de la régularité. Il n'est pas dans leurs habitudes de rentrer aussi tôt. Mais Pascal n'en démord pas.

– Écoute, débordés ou pas, il faut qu'ils viennent maintenant. Tu as déjà trop attendu.

Je sais qu'il a raison et m'exécute. Je compose le numéro avec des doigts tremblants, ne sachant pas ce que je vais dire.

– Allô ! Bonjour Maman, ça va ?

– Bonjour, oui ça va bien, et toi ?

– Ça peut aller. Je suis rentrée à la maison plus tôt que prévu car je n'avais pas cours. Est-ce que tu peux rentrer avec Papa, maintenant ? Pascal est ici avec moi.

Ma mère semble surprise.

– Écoute, je n'ai pas le temps tout de suite, ça peut attendre ce soir. Ou alors si tu veux, passez nous voir ici, d'accord ?

Je m'apprête à raccrocher, mais Pascal, qui saisit la tournure que prend la conversation, m'arrache presque le combiné des mains.

– Bonjour Madame, c'est Pascal. Excusez-moi de vous déranger, je ne peux vraiment rien vous dire par téléphone, mais il faut vraiment que vous rentriez immédiatement. C'est très urgent.

Le ton ferme et intransigeant de Pascal coupe court à la conversation. Ma mère annonce son retour immédiat avec mon père.

Les quinze minutes qui suivent sont une agonie. Entre-temps, nous sommes retournés dans le séjour pour les attendre. Comme ça, nous pourrons les voir arriver par la fenêtre. Nous tournons en rond entre la cheminée et la table. Je me sens de plus en plus tétanisée. Comment annoncer à mes propres parents, que j'aime plus que tout, que je viens de me faire violer, que j'ai été salie et blessée au plus profond de moi-même ? Puis je regarde Pascal, ce grand gaillard ténébreux au regard intense qui se trouve à côté de moi, comme depuis le début de cette tragédie. Il va m'aider à faire face, il va me soutenir. Je prends soudainement conscience que sans lui, plus rien n'est possible. Je dois encore lutter contre mes émotions. Je n'ai pas le droit de craquer maintenant, en tout cas, pas avant d'avoir mis mes parents au courant. Je dois me montrer digne et forte, pour les aider à accepter.

Mes parents arrivent quelques minutes plus tard. À la vue de mon visage défait, ils comprennent immédiatement que quelque chose de terrible s'est produit. Ils semblent stupéfaits et très inquiets. Après les embrassades d'usage, une sensation de gêne et de confusion s'installe immédiatement. Par où commencer ? Pascal prend aussitôt les choses en main.

– Céline a quelque chose de très important à vous dire. Je pense que le mieux est qu'elle reste seule avec sa maman. Venez avec moi, Monsieur, je vais tout vous expliquer.

Les deux hommes partent s'isoler dans le salon, tandis que ma mère et moi-même restons dans le séjour. Je l'invite à prendre place dans un des fauteuils club en cuir marron vieilli, tandis que je frotte mes mains moites, debout, dos à la cheminée. Le mieux est d'être la plus brève possible.

– Voilà, Maman, je me suis fait agresser chez moi, par un inconnu, dans la nuit de mercredi à jeudi.

– Oh ! Non ! Ce n'est pas possible, que s'est-il passé ? s'écrie-t-elle horrifiée, en portant sa main à sa bouche.

– J'ai été obligée de porter plainte au commissariat de police.

Je m'arrête un court instant. La suite est difficile à dire.

– L'agression a été qualifiée de viol. Mais ne t'inquiète pas, le pire n'est pas arrivé, en tout cas, pas dans le sens où tu peux l'imaginer. Il avait un couteau et m'a menacée de mort, mais je suis là, aujourd'hui. J'ai vraiment eu très peur.

– As-tu été blessée ?

– Non.

Le visage de Maman est à présent transformé, anéanti. Son teint est terreux, ses yeux, d'habitude si pétillants, sont des surfaces vides. Je ne la reconnais presque pas. Je veux revoir son visage normal, celui qui va m'aider. Je sais qu'elle lutte pour ne pas trop extérioriser ses sentiments de désespoir et de dégoût. J'ai beaucoup de difficultés à raconter les gestes ignobles que j'ai dû subir. Certains mots semblent tabous tant il est inconcevable de dévoiler ainsi, à ma propre mère, une intimité devenue humiliante, répugnante.

Quelques années après, je ne me rappelle plus exactement en quels termes j'ai expliqué l'agression. Je sais seulement que j'ai fait de mon mieux pour me rapprocher de la réalité, en évitant toutefois d'être trop choquante. Maman est toujours assise dans le fauteuil, m'observant.

– Pourquoi as-tu attendu deux jours pour nous prévenir ?

– Pour deux raisons toutes simples. La première, je ne voulais pas t'annoncer ça par téléphone. La deuxième, c'est que je devais rester à la disposition de la police, pour la plainte, le portrait-robot, l'hôpital… Tout ça prend beaucoup de temps. Je ne pouvais donc pas venir plus tôt. Plus je renseigne les policiers rapidement, plus ils ont de chance de l'arrêter, et c'est vraiment ce que je souhaite maintenant. Il paraît qu'il peut encourir plusieurs années de prison.

Maman essaie de ne pas trop pleurer. Je pleure. Puis mon père et Pascal nous rejoignent. Leurs visages sont décomposés, livides. J'ai mal en voyant mon père ainsi. Pascal, lui, a les yeux brillants et la voix tremblante. Papa lutte pour ne rien laisser paraître de ses sentiments, mais son visage est fermé. Il est d'une nature discrète. Il ne s'exprime pas sur les actes que j'ai subis, encore une fois par pudeur et par délicatesse, et il ne le fera jamais. Il a déjà entendu toutes ces horreurs par Pascal. Il m'interroge plutôt sur le déroulement de l'enquête et sur mon moral, à moi, sa fille, accablée, détruite. Nous passons ainsi tous les quatre un long moment à discuter dans le salon. Il est 18 heures passées. Chacun déambule dans la pièce, entre les fauteuils, la table et l'immense cheminée. Maman nous a servi du café.

Très rapidement, l'atmosphère devient pesante, comme s'il était impossible pour le moment de passer à autre chose. Trop d'émotions sont réprimées, confinées dans nos quatre cœurs, dans nos quatre têtes. Chacun a besoin de temps pour se remettre, besoin de se laisser aller à sa tristesse, besoin de digérer tout ça. Les mots deviennent accessoires, inutiles, inadaptés à mon ressenti. Les mots sont impuissants et creux. Pascal remarque rapidement ce qui se trame et, une fois de plus, prend la bonne décision. Il déplie ses grandes jambes.

– Je vais vous laisser, à présent. Vous avez tous besoin de calme et de repos.

– Non, Pascal, la route va être longue et fatigante. Restez donc avec nous ce soir et passez la nuit ici, propose Maman.

– Merci, c'est très gentil à vous, mais je dois refuser. Je ne veux pas m'imposer et vous avez sûrement besoin de vous retrouver entre vous, en famille.

– Comme vous voudrez, mais avant de partir, nous tenons à vous remercier pour tout. Nous vous sommes particulièrement reconnaissants de ce que vous faites pour Céline.

– Je vous en prie, je ne pouvais pas faire autrement dans un moment pareil, c'est normal.

Avant que le chagrin ne nous saisisse, j'interviens.

– Moi aussi, je vais vous laisser seuls un moment tous les deux, j'ai besoin d'aller prendre l'air. Pascal, veux-tu venir avec moi te promener un peu avant de repartir ?

– Très bien, allons-y.

Nous prenons la voiture pour aller écouter le plus beau bruit du monde, comme je le dis souvent, celui des vagues qui baignent La Hague. C'est avec à la fois un sentiment de soulagement et d'anxiété que je quitte la maison. J'amène Pascal dans ce lieu magique qu'est le Nez de Jobourg, l'une des plus hautes falaises d'Europe.

Là où le vent violent s'infiltre dans les cheveux, dans le corps, dans la tête et en chasse toutes les pensées. Il les balaie dans l'immensité des cieux, où elles s'envolent vers l'infini. Cependant, cet instant est éphémère et illusoire. Lorsque le vent retombe, les idées noires reviennent à grands coups d'aile, telles un rapace, et ressurgissent dans mon esprit malgré moi. Pourtant, si bref soit ce moment, il m'apporte un bonheur intense, un bien-être fabuleux. C'est donc ici, avec Pascal, celui qu'au fond de moi je n'ai jamais cessé d'aimer, que je viens chercher un peu de paix pour mon âme et mon corps meurtris. Cette fois, je n'essaie plus de contenir mes larmes. Pascal aussi est très ému. Il me console du mieux qu'il peut, il me dit que je saurai être forte et qu'il se battra à mes côtés, qu'il sera toujours là pour moi.

Il m'avouera plus tard que tout s'est éclairci dans son esprit, à cet instant précis. Il a alors pris conscience des sentiments qu'il avait toujours éprouvés pour moi. Il a balayé, durant cette parenthèse magique, toutes les raisons stupides qui l'avaient amené à rompre.

L'horizon bleu qui prolonge la falaise ventée, nos larmes mêlées, salées, le silence… Pascal m'ouvre ses bras, je m'y blottis et nous sommes alors persuadés de vivre le plus intense moment de notre vie, une communion parfaite. Nous nous embrassons. La mer, en contrebas, fait exploser ses vagues sur les rochers, tels les applaudissements d'un témoin de notre bonheur et de notre angoisse mêlés. Car en dépit de tout, en dépit de nos retrouvailles et de ce renouveau, la réalité reste présente, inchangée.

Qui, de notre amour ou du désespoir, l'emportera ?

Nul ne peut encore le dire. En revanche, ce qui est certain, c'est que nous serons désormais deux pour affronter ce malheur. C'est mieux ainsi, car je ne me sens pas la force de lutter seule, malgré tout mon courage. J'ai été souillée, détruite. Pascal m'aidera à me reconstruire.

Je me sens comme une fleur qu'une forte gelée a soudainement figée au plus profond d'elle-même, l'empêchant de s'ouvrir totalement, de s'épanouir. La gelée est un élément extérieur, indésirable et inattendu, qui peut briser la vie de la fleur en quelques instants.

La fleur est-elle capable de survivre à la gelée ?

6

L'indifférence des autres

Avril 1996

Pascal a repris la route, après m'avoir serrée encore contre lui. Plus tard, j'apprendrai que dans la voiture, il a craqué et que pour la seconde fois de la journée, il a pleuré. De tristesse pour moi, de rage contre ce salopard, et également de culpabilité. S'il ne m'avait pas quittée, il aurait été à mes côtés ce soir-là et rien de tout cela ne me serait arrivé. Cette pensée l'obsède et le ronge comme une mauvaise herbe.

Si Pascal passe une mauvaise soirée, la mienne à Cherbourg est tout aussi affreuse. Une chape de plomb s'est abattue sur notre maison familiale. Que dire ? Que faire, face à une telle situation ? Je me sens très angoissée, je suis en état de choc et il est impossible de me calmer. Mes parents décident donc de faire venir notre médecin de famille, qui est également un ami de longue date. Nous avons confiance en lui. Il me connaît depuis que je suis enfant et sait tout de moi. Lorsqu'il arrive, mes parents s'isolent avec lui pour résumer la situation, tandis que je suis au bord de la crise de nerfs, allongée sur le lit dans la chambre de mes parents, au premier étage.

Le médecin me rejoint au bout de quelques minutes, accompagné de ma mère. Malgré tout ce qu'il vient d'apprendre, il affiche son air débonnaire habituel, le visage rond et souriant sous sa barbe brune. Pourtant, lorsqu'il s'adresse à moi, je le trouve trop direct, trop brutal dans ses paroles, sans une once de diplomatie pour aborder un sujet aussi délicat. Il n'a pas l'air de prendre les choses au sérieux, il tourne presque cette souillure à la dérision. Je me braque. Comment ose-t-il ? Je comprendrai beaucoup plus tard que son attitude était réfléchie, le seul objectif étant de me faire parler, au risque de me faire craquer. Il me demande de lui raconter ce qui s'est passé exactement.

Alors, malgré moi, je lui dévoile ce qu'il veut savoir, c'est-à-dire ce qui s'est réellement passé, physiquement passé, ce soir-là. Ma mère est à nouveau horrifiée. Cette fois-ci, elle entend les détails que je n'avais pas eu la force de lui donner tout à l'heure. La brutalité de mes mots la choque.

Le médecin me prescrit des calmants pour m'aider à me détendre et à dormir, puis prend congé.

– Allez courage, ma grande, et n'hésite pas à m'appeler si tu as besoin, me dit-il en m'embrassant sur la joue.

Je réintègre ma chambre, Maman toujours à mes côtés. Elle me regarde avec une indicible tristesse.

– Comment cela a-t-il pu arriver sans que je m'en rende compte, à ce moment-là ? Pendant que tu subissais tout ça, je n'ai pas ressenti le danger, ni ta terreur. Ce soir-là, nous avons passé une agréable soirée, sans savoir ce qui se passait là-bas ! Comment ai-je pu ? J'aurais dû deviner et être présente.

Mon frère Sylvain a bien évidemment été informé de la situation. Lui aussi est très choqué, sans peut-être prendre réellement conscience de la gravité des faits. Pourtant, aujourd'hui, je suis incapable de me souvenir si j'ai discuté de tous ces événements avec lui.

En effet, à partir de ce jour, j'aurai des trous de mémoire fréquents concernant cette période. Il ne s'agit pas là de choses qu'on oublie naturellement avec les années, comme chez n'importe quel individu, mais bien de laps de temps, plus ou moins longs, qu'inconsciemment j'ai pu chercher à occulter totalement. Ces symptômes font partie de la dépression, cette saloperie qui généralement vient remplacer l'état de choc premier. De ce fait, l'esprit ne dispose plus de toute sa lucidité.

C'est la raison pour laquelle je ne me rappelle pas non plus la fin de ce week-end. Malgré mes efforts, il ne me reste aucun souvenir de ce que j'ai fait durant les deux jours qui ont suivi. Je sais seulement que le dimanche soir, ce sont mes parents qui me raccompagnent chez Pascal. Je n'ai bien évidemment aucune envie de retourner dans cette ville, qui pour moi, est désormais synonyme de cauchemar. Mes parents n'ont pas plus envie que moi de me savoir là-bas, mais il le faut. Je dois encore rester à la disposition de la police. Et puis la vie doit reprendre son cours normal, il me faut retourner en classe, reprendre mes études. Pour la première fois, je commence à redouter le regard des autres, car j'ai honte, je me sens humiliée, souillée. J'espère que les langues ne se sont pas trop déliées en mon absence et, par conséquent, que tous les élèves et professeurs ne sont pas au courant de mon histoire.

Je me console en pensant à Pascal qui sera à mes côtés, et à tous mes amis qui me sont chers et qui seront compréhensifs. C'est certain, ils m'aideront à surmonter cette épreuve et feront de leur mieux, ensemble, pour me redonner de l'assurance. J'en suis persuadée. Il ne me vient même pas à l'esprit que je puisse être déçue par l'un d'entre eux. Je me raccroche à des valeurs d'amour et d'amitié qui m'ont été jusqu'alors précieuses et auxquelles je crois fermement.

Pourtant, je vais bientôt me heurter à la curiosité mal placée, à l'indifférence blessante et à l'égoïsme cruel dont certaines personnes font preuve. Je vais découvrir ces côtés noirs de l'âme humaine, dans mon chemin initiatique de reconstruction…

Le lundi matin, j'accompagne Pascal et Benoît au commissariat. J'espère en avoir bientôt terminé avec la police. Sur place, l'inspecteur C. s'enquiert de mon moral. Je lui réponds que je vais bien et le remercie de s'en inquiéter.

Il en sera longtemps ainsi. Je n'avouerai jamais que je ne vais pas bien, que mon moral est au plus bas, que j'ai envie de tout péter. Je ne saurais dire pourquoi j'agis de la sorte. Mes proches le remarqueront rapidement et s'en accommoderont plus ou moins bien. Est-ce par pudeur ? Par honte ? Par peur de provoquer une gêne ? Je ne le sais pas moi-même. De toute manière, ce n'est qu'au fil du temps que je me rendrai compte de tout ceci. Je ferai de cette partie de ma vie une sorte de tabou. C'est l'évitement. Ne pas en parler pour ne pas raviver le sentiment d'angoisse et d'insécurité. Je ne saurai jamais comment aborder le sujet avec ma famille, mis à part l'avancement de l'enquête, bien sûr. De ce fait, mes intimes réagiront tous de la même façon, pour ne pas me brusquer ou me peiner. Je suis la seule responsable de cette situation ambiguë, celle qui aura laissé s'installer cette absence de dialogue.

Et malgré tous ces non-dits, je sais pertinemment que je pourrai toujours compter sur mes parents ou mon frère et qu'ils pensent beaucoup à moi.

Après avoir effectué respectivement leur déposition, Pascal et Benoît examinent le portrait-robot réalisé par mes soins. Je le découvre terminé en même temps qu'eux et sens des frissons me parcourir. Quant à Pascal, il parvient enfin à mettre un visage sur mon agresseur. Benoît semble reconnaître l'individu.

– Je ne l'ai pas bien vu ce soir-là, il faisait noir. En plus, je n'avais aucune raison de faire attention à lui. Mais je suis à peu près certain qu'il s'agit du type que j'ai croisé devant chez Céline.

– Très bien, bon boulot, répond l'inspecteur. Pascal, ce visage ne vous rappelle rien ? Vous ne l'auriez pas déjà vu au préalable, aux alentours de l'école, par exemple ?

– Non, désolé, mais il ne me dit rien.

– Tant pis. Ce portrait est déjà transmis à tous les commissariats de France. Mes hommes continuent également leurs recherches dans la ville et montrent la photo un peu partout.

Je prends la parole, bien que je sois à peu près certaine de la réponse.

– Vous pensez que ça prendra beaucoup de temps avant de le retrouver ?

– Nul ne peut le dire aujourd'hui. Et on ne sait pas ce qui peut lui passer par la tête. Donc l'urgence, maintenant, c'est d'avoir la possibilité d'intervenir avant qu'il ne recommence.

– Je ne me sens pas du tout rassurée de le savoir en liberté dans cette ville.

– Je ne suis pas plus rassuré, croyez-moi. Je vous assure que nous faisons tout notre possible pour le retrouver. À ce propos, j'ai une suggestion à vous faire, Céline, que vous n'êtes pas obligée d'accepter, bien entendu. Visiblement, cet homme s'attaque toujours à des étudiantes d'à peu près votre âge, et toujours dans le même secteur de la ville. Seriez-vous prête à accompagner, pendant une soirée, deux de mes hommes en civil dans des lieux publics que vous avez l'habitude de fréquenter, bars, cafés ou boîtes de nuit ? Nous aurions peut-être une chance de le rencontrer et vous seriez là pour l'identifier plus rapidement. On ne sait jamais, il vous avait peut-être suivie ou repérée dans un de ces endroits. Vous allez sans doute me dire que c'est chercher une aiguille dans une botte de foin, qu'on a une chance infime de tomber sur lui. C'est vrai, mais il ne faut laisser aucune piste de côté.

Je suis assez surprise de la proposition de l'inspecteur, mais reconnaissante de ses initiatives.

– Eh bien, je n'en sais rien, pourquoi pas ?

Mais en fait, ça m'effraie beaucoup de le revoir.

L'inspecteur hoche la tête.

– Attention, vous devez garder deux choses en tête. D'abord, ne vous faites pas de fausse joie. Ce n'est pas parce qu'on va tenter l'expérience un soir qu'on va forcément tomber sur lui. Ensuite, si vous acceptez, vous n'aurez aucun souci à vous faire. Vous serez en sécurité et protégée par deux policiers armés. Vous ne serez pas seule.

Il a tout compris. Depuis quelques jours, j'ai affreusement peur de la solitude, même dans la journée. J'ai aussi peur des autres.

– Vu sous cet angle, je vous fais confiance et je suis partante.

– Très bien, merci de votre collaboration. Je vous tiendrai informée par téléphone. C'est courageux à vous, vous savez.

Cette dernière phrase me réconforte. L'inspecteur C. a l'air sincère. Il se peut qu'il dise cela à tout le monde, mais peu m'importe. L'essentiel est l'énergie que ces paroles me procurent. Imaginer qu'on peut me croire courageuse me rend plus forte.

Le lendemain matin, mardi, je retourne enfin en classe, la boule au ventre. D'une part, je n'ai ni le cœur ni la tête à mes cours, et d'autre part, je redoute ce qu'on va penser de moi. Finalement, une fois sur place, mes camarades se montrent plutôt sympathiques avec moi, même s'ils ne sont pas très naturels. Le directeur de l'école, que Pascal a informé de l'agression, me convoque avant le premier cours pour m'assurer de son soutien. J'apprécie ce simple geste.

Doucement, je reprends ma vie d'étudiante. Les cours de gestion, droit, management, communication, redeviennent mon lot quotidien. Tout comme les repas pris chaque midi au restaurant universitaire. Généralement, après le déjeuner, nous nous retrouvons à plusieurs pour boire le café chez l'un ou l'autre d'entre nous. Désormais, on ne va plus chez moi. Je me suis souvent demandé quels étaient celles et ceux qui étaient au courant de mon agression. Cette question m'a hantée pendant de longues semaines, et je cherchais en permanence la réponse dans leurs regards, sans y parvenir, du moins au début… Car je suis bien loin d'oublier les réactions de certains, qui ont malheureusement fourni des confirmations à mes doutes.

Quelques souvenirs de cette période m'ont marquée au fer rouge.

Dès mon retour en classe, j'ai pu me confier à certaines de mes camarades. Leur compassion semblait sincère sur le moment, et j'en étais réconfortée. Mais nos relations se sont rapidement dégradées et un malaise s'est installé. Avec le recul, je pense que mes amis n'ont pas réellement pris conscience du drame que j'avais vécu, ni des séquelles qu'il engendrait. Pour eux, il s'agissait d'une sorte de fait divers qui, par définition, suscite l'intérêt et la curiosité au début, puis, petit à petit, l'indifférence. Le fait divers est éphémère pour le spectateur alors qu'en général, il reste inoubliable pour celui qui le vit. Certaines phrases ou attitudes de ceux que je croyais être mes amis resteront à jamais gravées dans ma mémoire.

Comme ce jour où nous sommes réunis autour d'un café chez Antoine, à discuter de l'agression, quand celui-ci exaspéré, déclare :

– C'est bon, ce n'est pas un drame quand même, on ne va pas en faire tout un plat !

Lorsque j'y repense encore aujourd'hui, je me demande pourquoi je n'ai pas quitté les lieux sur-le-champ. C'est certainement la colère et l'humiliation qui m'ont clouée sur place, me laissant sidérée et incapable de prononcer le moindre mot pour rétorquer. Je me suis contentée d'encaisser, avec une immense douleur et une grande déception. Dès lors, j'effacerai cet individu de la liste de mes amis et l'ignorerai définitivement. Il sera le premier parmi beaucoup d'autres.

Je me rappelle très bien également cet autre jour, où quelques-unes de mes amies viennent me solliciter entre deux cours :

– Veux-tu te joindre à nous ce soir, nous sortons dîner au restaurant entre filles ? Ça te changerait un peu les idées.

Il est vrai qu'au fond, cette invitation part d'un bon sentiment. Cependant, je me vois dans l'obligation de refuser, pour une raison toute simple : j'ai désormais peur de la nuit, peur de sortir. D'autant plus uniquement entre filles, sans la protection de Pascal. Cette éventualité me semble insurmontable et je ne peux rien faire contre cela. Je tente de le leur expliquer gentiment, pudiquement.

– Mais ne t'inquiète pas, tu ne seras pas seule. Il ne pourra rien t'arriver, arrête un peu d'être parano ! rétorquent-elles avec un air moqueur.

Paranoïaque ! Elles ne connaissent pas un dixième de ce que je ressens. Dégoûtée par leur comportement, je décline franchement leur proposition. Décidément, elles ne comprennent vraiment rien. Si elles se trouvaient nez à nez avec l'agresseur, que pourraient-elles faire ? Comment pourraient-elles donc se défendre ?

Personne ne peut imaginer cette terreur qui me ronge, cette angoisse qui m'habite désormais perpétuellement. Une fois de plus, j'ai honte. Leur incompréhension empêche le dialogue. À partir de là, le cercle de ceux que je considérais comme mes amis se rétrécit, jusqu'à disparaître presque complètement.

Établir une relation de confiance requiert beaucoup de temps et de patience, alors que pour l'anéantir, une seule parole peut parfois suffire.

Les filles n'ont certainement pas compris ma réaction lors de cette invitation. Par conséquent, elles n'ont plus jamais manifesté la moindre attention envers moi. Je découvre alors un sentiment terrible. L'indifférence. On ne m'embrasse plus le matin pour me dire bonjour, on ne me parle plus, on ne me regarde plus. Pire encore, on ne me voit même plus. Filles ou garçons, tous les élèves réagissent ainsi. Après avoir été rabaissée au niveau de femme-objet, je suis désormais invisible, inexistante. On vit près de moi par obligation, mais on me dédaigne comme une chose maudite et peut-être contagieuse, qui sait ?

Dans cette hécatombe relationnelle qui succède à l'agression, je perds également Sandra, ma meilleure amie. Pourquoi, alors que je partageais tant de choses avec elle depuis plus d'un an, a-t-elle agi de la sorte ? Je pense qu'elle s'est simplement contentée de suivre le mouvement général, entraînée par de plus égoïstes. C'est en fait le comportement de Sandra qui me blesse le plus, il m'affecte énormément. Cependant, quelque temps plus tard, étant donné les malheureuses circonstances de la vie et ce qui arrivera à Sandra, je regretterai affreusement que nous nous soyons quittées en si mauvais termes, sans même un au revoir.

Les années suivantes, j'aurai beaucoup de difficultés à me faire de nouveaux amis, car la méfiance l'emportera toujours. Mes camarades de promo n'ont probablement aucune idée du mal qu'ils ont pu me faire. Mais ils l'ont fait, par confort ou par indifférence. Et je mesure alors la force du proverbe qui affirme que ce sont dans les difficultés qu'on reconnaît ses vrais amis. Banal, mais terriblement vrai quand on l'éprouve.

7

Un nouveau départ

Avril 1996-mars 1997

Le mercredi suivant, une semaine exactement après l'agression, je ne me rends pas en cours l'après-midi et file directement à l'appartement de Pascal. Je n'ai absolument pas la force de rester à l'école, je suis beaucoup trop préoccupée. L'hôpital doit en effet me communiquer aujourd'hui les résultats de mes examens médicaux. En d'autres termes, je vais savoir si ce salopard m'a, en plus de l'humiliation et de la peur, transmis une quelconque maladie, car il n'a pas utilisé de préservatif. Je ne cesse de cogiter. Il m'a dit s'être drogué, et le médecin m'a parlé de l'éventualité du sida. Nous sommes au milieu des années quatre-vingt-dix et cette maladie terrorise, en même temps qu'elle véhicule toutes sortes de fantasmes et de rejets.

14 heures. Je me décide enfin à appeler l'hôpital. Je compose le numéro d'une main tremblante. J'ai peur de la réponse. Ça sonne. Une voix monocorde me répond et me transfère au service médico-légal. Une musique d'attente est censée me calmer. Puis soudain :

– Rappelez-moi votre nom, s'il vous plaît.

Je décline mon identité. J'attends à nouveau. Puis enfin, la chute :

– Résultats négatifs. RAS.

Mon soulagement est indescriptible. Tout va bien. En tous les cas, d'un point de vue purement physiologique. Si ce toubib avait analysé ce qu'il se passait dans ma tête, le résultat serait sans doute moins probant. Pour l'heure, aucune maladie sexuellement transmissible n'est décelée. Au moins, pas de problème de ce côté-là. Il ne me reste donc plus qu'à apprendre à vivre avec cette douleur dans l'âme, jusqu'à ce qu'elle s'estompe. Ne disparaîtra-t-elle jamais ?

Ce soir-là, mes parents viennent me rendre visite. Nous allons dîner en ville tous les quatre avec Pascal. Avec eux, j'arrive à me sentir à peu près en sécurité.

Toujours en raison de mes trous de mémoire, je n'ai plus aucun souvenir du déroulement de cette soirée, ni des jours qui ont suivi. Je me rappelle seulement certaines sensations fortes que j'ai pu éprouver : la peur, le stress, l'angoisse, le désespoir, le manque de sommeil et d'appétit, l'incapacité quasi physique de rester ou de sortir seule. Le terme physique n'est pas exagéré. Mes jambes se dérobent, ma tête tourne, mon cœur semble prêt à exploser dans ma poitrine chaque fois que je dois affronter seule le monde extérieur, même pour des actes aussi anodins qu'aller à la boulangerie, rejoindre ma voiture, être arrêtée à un feu rouge. Ma peur est parfois si intense que je me sens proche de l'évanouissement.

Désormais, j'habite chez Pascal. Il est évident que je ne peux plus retourner dans mon propre appartement. La dernière fois que j'y suis allée, c'était avec les policiers, pour récupérer cette taie d'oreiller abjecte.

Quelques semaines après l'agression, je libère mon logement. C'est mon frère Sylvain, qui est venu, accompagné de deux ou trois copains à lui, ainsi que de Pascal et Benoît, pour vider les lieux. Ils ne tiennent pas à ce que je sois présente, je leur laisse le soin de rassembler mes affaires. Que deviendrais-je sans eux ? Benoît est formidable. Il est là quand il le faut, il m'écoute ou me parle lorsque j'en ressens le besoin, mais n'ose jamais poser de questions délicates ou indiscrètes. Je lui en serai toute ma vie très reconnaissante. Je me souviens notamment d'un soir où nous dînions tous les trois, chez Pascal. Ce jour-là, j'étais particulièrement déprimée, et pour la première fois, je me suis mise à pleurer devant Benoît. Ce dernier a aussitôt eu la finesse de s'éclipser discrètement sans dire au revoir tandis que Pascal me prenait dans ses bras. Ce comportement peut sembler anodin, pourtant il est resté gravé dans ma mémoire. Benoît avait simplement compris que je ne souhaitais pas exhiber mon désarroi et mes larmes. La première chose qu'il a faite le lendemain en arrivant en classe a été de demander de mes nouvelles à Pascal. Ensuite seulement, il s'est adressé à moi, sans me questionner, mais simplement en me glissant à l'oreille un petit mot réconfortant que j'ai beaucoup apprécié.

J'ai également une amie d'enfance, Sophie, qui vit à l'autre bout de la France. Elle sait ce qui m'est arrivé, elle ne me juge pas, ne me rejette pas. Je sais que je peux compter sur elle et nous sommes en contact régulier, par lettres ou téléphone. À cette époque, pourtant pas si lointaine, Internet n'est pas encore entré dans les mœurs. Garder le contact nécessite une motivation et une envie profondes…

Heureusement que mon quotidien est éclairé par la présence de Pascal. Nous avons repris la vie commune. Comme avant. Si je ne l'avais pas rencontré avant l'agression, jamais je n'aurais pu refaire confiance à un homme. Il est doux, prévenant, patient et attentif. J'ai toujours su que ce serait lui pour la vie. Il est ma boussole, mon guide, mon amour. J'ai peur de tout sauf de lui. Je ne peux plus rien faire sans lui. Aucun pas sans lui, aucune sortie sans lui, aucune rencontre sans lui. Il est devenu moi. J'aimerais être lui.

La vie suit son cours, pénible et morne, jusqu'en juin, où cette fois je dois quitter l'école pendant une ou peut-être deux semaines, je ne saurais le dire avec précision. Mon moral est au plus bas. Rien ne va plus. Je suis extrêmement fatiguée, tendue, angoissée. Mes nerfs sont à vif, je frôle la dépression nerveuse et ne suis plus du tout capable de me concentrer sur quoi que ce soit en classe. Mon médecin m'oblige alors à prendre un peu de repos. Je reste chez mes parents à Cherbourg, mais je ne me souviens nullement ce que j'y ai fait ni de ce qui s'est passé durant ce séjour. Comment se passaient mes journées ? Mes parents étaient-ils toujours présents avec moi ? Dans la mesure du possible, sans doute. Comment me sentais-je ? Sûrement très mal. Je ne sais plus, le trou noir.

Puis je retourne dans la ville maudite pour y passer mes examens, sans aucune conviction. Je n'en ai ni la force, ni l'envie. C'est le cadet de mes soucis, et je me moque complètement de réussir ou d'échouer. Si je réussis, je sortirai avec un bac +2 en commerce dont je ne saurai que faire. Et si j'échoue, il me semble que ça ne changera rien. Ce que je retiens, c'est que dans quelques jours, tout sera terminé, enfin. Il ne me restera plus qu'à effectuer le stage de fin d'année en entreprise, durant huit semaines. Et là, chacun choisit sa destination, n'importe où en France. Plus besoin de croiser les autres chaque matin. Mais je me fous de mon avenir. Je ne veux même pas retourner dans cette école. Ce sont mes parents et Pascal qui réussissent à me persuader de me présenter aux examens. Je suis cette fois réellement angoissée à l'idée de faire face aux autres, ceux qui ne m'inspirent que mépris à cause de leur indifférence. Je revois encore leurs regards quand j'arrive ce matin-là, des regards à la fois fuyants et curieux.

« Tiens voilà une revenante ! Elle n'a rien à faire ici », doivent-ils penser. Tout du moins c'est ce que je présume, et je suis persuadée d'avoir raison. Alors je me sens encore une fois honteuse. Ces regards, comme ces chuchotements, sont dégradants. La dépression jette un voile noir entre les autres et moi et distord complètement la réalité pour la rendre agressive, menaçante, moqueuse.

Les épreuves se déroulent de façon catastrophique. Je n'ai rien révisé. Je ne parviens pas à me concentrer, je ne sens que la présence des autres, leurs regards ennemis. Avant les épreuves orales, je ne dors pas, ne mange presque plus. Quand je dois prendre la parole, j'ai un étau dans la poitrine et du plomb dans l'estomac. Je n'ai absolument rien à dire, rien à sortir de moi. Lors des épreuves écrites, une fois écoulé le temps de présence minimum imposé pour rédiger les copies, je me lève et me précipite dehors. Je suis pressée de quitter ces lieux, de ne jamais plus revenir. C'est vital. Cependant, le supplice dure trois jours.

Le dernier jour arrive enfin. Je revois nettement mon départ définitif de l'école. Sans un au revoir, sans un adieu, sans me retourner. Sauf à Benoît bien sûr, qui, en plaisantant, m'assure que la prochaine fois que nous nous verrons, ce sera pour mon mariage. Une phrase pleine d'espoir. Avec Sandra, nous échangeons un bref salut de la main, ce qui me rend mélancolique, déçue, peinée. Je ne me doute pas encore que je ne la reverrai jamais…

Demain matin, je déménage avec Pascal. Nous allons enfin pouvoir quitter cette ville sans jamais y revenir. Nous allons nous installer à Dijon, loin d'ici, loin du cauchemar, loin de l'humiliation et de la honte. Pourquoi cette ville ? Un peu par hasard. Mais également parce que la famille de Pascal habite Besançon, à une heure de Dijon. Nous avons tous les deux trouvé notre stage d'entreprise, dans deux centres commerciaux en bordure de la ville. Nous y effectuerons un travail de responsable de rayon. Nous savons que nous partons à Dijon pour au minimum deux à trois mois. Ensuite ? L'avenir nous le dira. Peut-être trouverons-nous un emploi à l'issue du stage ? Sinon, nous chercherons ailleurs. Je vis, nous vivons sans penser au lendemain. Chaque jour est un nouveau défi pour moi. Chaque jour présente un nouveau danger, une nouvelle peur, une nouvelle angoisse.

Nous partons sans que l'enquête ait beaucoup avancé. Elle semble au point mort. En tout cas, personne ne m'informe et je ne cherche pas spécialement à en savoir plus. La seule chose qui m'intéressera sera l'arrestation du monstre. Finalement, l'inspecteur C. n'a jamais organisé la sortie avec les policiers dont il m'avait parlé. Au fond, tant mieux. J'étais un peu effrayée à cette perspective. Et puis, maintenant, je voudrais pouvoir tourner la page. Avancer.

Cette décision de partir loin, main dans la main avec Pascal, est le seul bon souvenir que je conserve de ces deux derniers mois, ces deux mois qui m'ont transformée à tout jamais.

Fin juin 1996, vendredi. Nous arrivons à Dijon, après un trajet en voiture qui nous a paru interminable. Nous sommes pressés d'emménager dans notre nouvel appartement. Notre appartement à nous deux.

Mais ce soir-là, nous repartons en Franche-Comté, passer la nuit chez les parents de Pascal, à une heure de route de là. En effet, le mobilier n'étant pas encore installé chez nous, ils nous ont invités de bon cœur. Les parents de Pascal, âgés d'une petite cinquantaine d'années, sont commerçants. Je me sens mal à l'aise. D'une part, je les connais encore très peu, nous ne nous sommes rencontrés que deux ou trois fois. D'autre part, j'ai très peur de ce qu'ils peuvent penser. Je regrette que la famille de Pascal n'ait pas eu l'occasion de me connaître davantage avant toute cette histoire. Je suis persuadée que mon traumatisme est affiché en permanence sur mon visage et que tout le monde peut lire dans mes pensées. C'est pour moi comme une deuxième violation de mon intimité. Dans la voiture, je préviens Pascal.

– Tout ce que je demande, c'est qu'on soit naturel avec moi, et surtout qu'on ne me pose pas de questions.

C'est dans cet état d'esprit que j'arrive sur place, tendue comme un arc et intimidée. L'accueil qui m'est réservé est plutôt, poli, lisse, voire agréable. On me dit de me mettre à l'aise. Pendant le dîner, que nous prenons ensemble dans la cuisine, nous discutons de notre nouvelle installation à Dijon. Le repas est bon : la traditionnelle saucisse de Morteau, suivie d'un morceau de Comté et d'une tarte aux fruits du jardin. Je me détends peu à peu.

Durant de longues années, j'aurai le sentiment, et même la certitude, que ma belle-famille ne me voit pas sous mon vrai jour, pas telle que je suis réellement. En fait, qui le pourrait ? Entre ce que j'étais avant l'agression et ce que je cherche en permanence à cacher désormais, qu'est devenue ma véritable identité ? Et dire qu'autrefois, on me disait bavarde…

La soirée se déroule finalement sans accroc. Chacun a la délicatesse de ne pas m'importuner en s'immisçant dans ma vie privée et intime. Pourtant, je sais qu'ils interrogent Pascal dès que j'ai le dos tourné. Plus tard, je comprendrai qu'il s'agissait surtout d'inquiétude à mon sujet. En fait, je redoute par-dessus tout que la famille de Pascal lui déconseille de vivre avec une fille comme moi. Une fille avec un vécu si malsain qu'il en subira forcément les conséquences.

Quant à Pascal, j'ai une confiance aveugle en lui. Je sais parfaitement que s'il a décidé de vivre avec moi, c'est qu'il est sûr de lui et de mes sentiments.

Je suis aussi consciente de l'importance que nous ayons commencé notre liaison amoureuse avant d'avoir subi ce viol. Même si pour le moment, je n'ai besoin que de son oreille, de son épaule et de la chaleur de ses bras, dans lesquels je me sens toute petite et protégée. Malgré tout, nos relations intimes ont repris assez rapidement. Pascal se montre toujours doux, attentif, patient et plein d'amour. Et surtout, je l'aime aveuglément. Heureusement, car une autre image s'impose à moi trop souvent dans ces moments-là…

Nous repartons sur Dijon dès le lendemain. Dijon, capitale des ducs de Bourgogne, se dresse, chic et belle au milieu des vignobles de grands crus. Nuits-Saint-Georges, Clos-Vougeot ou Gevrey-Chambertin éveillent les papilles délicates et représentent un patrimoine merveilleux.

Nous débutons notre nouvelle vie, dans une ambiance de mal-être permanent et d'angoisse omniprésente. Finalement, Pascal effectue son stage avec une mission de cadre commercial qui lui convient parfaitement et dans laquelle il place toute son énergie. Il y apprend à négocier, acheter des produits frais, manager des équipes de divers rayons. Bref, il s'éclate. De mon côté en revanche, j'ai bien du mal à trouver ma place parmi mes collègues. Je remplace le responsable du rayon fruits et légumes, parti en congés d'été. Mais je m'y sens mal. Je vois trop de monde toute la journée, et je suis effrayée par le moindre client qui me regarde un peu trop à mon goût. L'ambiance avec les autres employés est déplorable. Je me sens exclue, différente. Leurs conversations m'insupportent. Leurs petits tracas ridicules m'exaspèrent. Je les trouve sans intérêt. Tout le monde m'énerve. Je ne suis pas encore prête à agir comme Pascal, à tout miser sur ma carrière professionnelle et à aller de l'avant.

Ma vie sociale est une vraie catastrophe. Je ne côtoie personne, je fuis tout le monde. Quand je ne travaille pas, je reste enfermée dans l'appartement en dépit du soleil estival qui brille dehors. Volets semi-fermés tant il fait chaud ici, je m'enivre de musique. Nirvana et Pink Floyd accompagnent ma solitude. Je m'aventure quand même sur le balcon de la cuisine. Il donne sur le jardin public situé juste en bas. Je ne peux guère être vue, il n'y a pas de vis-à-vis. Moins que sur le balcon du séjour.

Au bout de quelques semaines, je craque.

– Pascal, j'en ai marre de ce boulot, je ne supporte personne là-bas. Je sens que je vais tout plaquer.

– Allez, encore un peu de patience, ça se termine bientôt, et tu trouveras quelque chose de plus intéressant. Tu peux y arriver, sois raisonnable.

Ces mots me réconfortent et en même temps, j'ai envie d'exploser. Je n'ai aucune envie d'être raisonnable. Si tout le monde était raisonnable, je n'aurais jamais été violée. J'en ai assez de cette angoisse trop lourde à supporter. Je n'en peux plus de m'enfermer à double tour dans ma voiture, dans mon appartement, de tirer les volets dès qu'il fait nuit, de bondir pour me cacher sans bruit dès qu'on sonne à la porte. Quand cela arrive, mon cœur s'emballe, tous mes membres se mettent à trembler sans pouvoir s'arrêter pendant au moins une demi-heure. Je dois alors m'asseoir pour me calmer. Ma vie quotidienne devient celle d'une vieillarde. Je n'ouvre pas au facteur qui apporte une lettre recommandée ou un colis. Je ne prends aucun rendez-vous avec un plombier ou un électricien sans que Pascal ne soit certain d'être présent. En fait, personne n'entre dans l'appartement quand j'y suis seule. Même aller faire mes courses dans un endroit où il y a beaucoup de monde est devenu difficile. Quant au lèche-vitrine, seule en ville, ce n'est même pas la peine d'y songer. Je ne sors que de jour, jamais la nuit, ni même à la tombée de la nuit.

Après chaque émotion trop forte, chaque peur terrible, je suis prise de migraines intenses. Je ne fais plus rien toute seule, et je suis de plus en plus assistée. Quand tout cela s'arrêtera-t-il ? Un jour, peut-être ? Cet infime espoir me maintient encore en vie. J'éprouve parfois un désespoir si profond qu'il m'arrive de souhaiter m'endormir le soir dans mon lit pour tout oublier et surtout ne jamais me réveiller. Cette mort qui m'a tant effrayée en me frôlant, j'aimerais parfois qu'elle revienne vers moi, mais de manière plus douce, sans souffrance, juste pour oublier.

Mon stage se termine fin août. Je le quitte sans aucun regret et sans conserver le moindre contact. Pour Pascal, les choses sont différentes. Son stage débouche sur un CDI. Il est donc désormais officiellement responsable de l'ensemble du secteur frais du magasin. Il dirige une soixantaine de personnes, aussi bien dans les rayons boucherie, crémerie, fruits et légumes que poissonnerie, surgelés, etc. Il a 22 ans et je suis fière de lui. De mon côté, je suis à la recherche d'un emploi depuis environ trois semaines. J'envoie des CV dans différents magasins, mais les rares entretiens d'embauche que je décroche me tétanisent. Je suis archinulle et ne suis évidemment pas retenue. À ma dépression s'ajoute également l'angoisse de me retrouver au chômage.

Courant septembre, Pascal rentre du travail un midi avec une mine réjouie.

– J'ai une bonne nouvelle pour toi. Si tu veux, tu as un nouveau job dès lundi prochain.

– Comment ça ? Explique.

– Dans la même entreprise que moi. Ils sont en train de recruter de toute urgence pour un poste qui te plairait. Au rayon textile. Tu n'as qu'à te présenter aujourd'hui pour un entretien. Je les ai déjà avertis que tu serais sans doute intéressée. À toi de jouer maintenant, la balle est dans ton camp.

Ravie, je saute au cou de Pascal.

– Si seulement ça pouvait marcher… Ça me rassurerait de travailler au même endroit que toi, même si nous ne sommes pas dans le même service.

Trois jours plus tard, je prends mon nouveau poste. L'entretien s'est bien passé, j'ai fait bonne impression. C'est une femme qui m'a reçue. Je me sens alors beaucoup mieux, motivée. Et, plus que tout, cette nouvelle expérience va me permettre de mettre mes soucis entre parenthèses, au moins quelques heures par jour. Ne plus cogiter, ne plus angoisser et m'investir dans un nouveau travail, c'est exactement ce qu'il me faut.

Le lundi, je me présente à l'heure convenue, après avoir passé une très mauvaise nuit. Je suis stressée. L'accueil est pourtant chaleureux, ma patronne me présente à son équipe, composée uniquement de femmes. Je suis rassurée. Mon travail consiste dans un premier temps à approvisionner l'ensemble du rayon permanent après avoir réceptionné les marchandises, c'est-à-dire les sous-vêtements. C'est un travail que j'ai déjà fait pendant l'été, plus jeune, dans le centre commercial que dirigent mes parents. Je me sens dans mon élément. Nous sommes cinq au total et les filles ont l'air sympa. Je me plais bien dans cet environnement et pars travailler de bon cœur. Malheureusement, c'est sans compter sur madame l'angoisse, qui se réinvite brutalement dans ma vie…

Nous sommes maintenant en octobre. Six mois se sont écoulés depuis le viol. À cette saison, le temps est souvent gris et les jours beaucoup plus courts. Je suis donc obligée de sortir le matin ou de rentrer le soir alors qu'il fait déjà nuit.

Nous disposons d'une place de parking juste devant l'immeuble, et je n'ai donc que quelques mètres à parcourir à pied dehors. Mais ces seuls ridicules petits mètres me paralysent totalement. Pascal et moi avons également un garage, mais c'est inenvisageable, tout comme descendre à la cave. Je ne l'ai jamais fait seule et ne le ferai sans doute jamais.

Chaque soir, au moment de rentrer chez moi, je subis donc le même rituel, éprouvant, atroce. Même s'il n'est jamais guère plus de 20 heures, j'ai besoin d'un temps de concentration dans ma voiture pour me maîtriser. Je prends ma respiration et me précipite vers le hall de l'immeuble. Là, un premier obstacle m'attend : le digicode, qui me fait perdre un temps précieux pour ouvrir la porte. La peur prend le dessus et mes mains tremblent au moment de composer le code d'entrée. C'est un premier soulagement quand je referme la porte sans que personne n'entre avec moi. Deuxième obstacle : l'ascenseur. Et si quelqu'un devait le prendre en même temps ? Quand le cas se présente, je monte les cinq étages à pied, en espérant ne croiser personne. Je n'imagine pas un seul instant me retrouver dans l'ascenseur en compagnie d'un inconnu. Il m'arrive parfois d'en sortir si quelqu'un entre à un étage intermédiaire et d'achever mon trajet par l'escalier. Je parviens seulement à me calmer lorsque je suis enfermée à double tour dans mon appartement. Généralement, j'allume la télévision pour sentir une présence distrayante et ne pas subir ce silence pesant qui règne lorsque je suis seule, Pascal rentrant souvent après moi.

Nous avions pourtant pris bon nombre de précautions en choisissant l'appartement : dernier étage, population majoritairement composée de personnes âgées, pour limiter au maximum les mauvaises rencontres, quartier calme… Sans oublier les volets roulants qui se ferment depuis l'intérieur, pour éviter d'avoir à ouvrir les fenêtres.

Tout cela peut paraître incroyable et pourtant, c'est la description précise de mon quotidien. J'ai 23 ans et je vis dans la terreur. Moi qui pensais naïvement, six mois plus tôt, que ma vie reprendrait rapidement un cours normal. Résisterai-je encore longtemps ? Il le faudra bien, pour Pascal, pour mes parents, pour Sylvain. J'aimerais tellement voir mon frère plus souvent, mais il est parti à Nantes, où il poursuit ses études de marketing.

Pendant ce temps, l'enquête des policiers avance lentement et difficilement. Deux autres cas similaires au mien ont été déclarés dans la ville. Mêmes procédés de la part de l'agresseur, et les deux nouvelles victimes auraient reconnu l'homme sur mon portrait-robot. C'est Pascal qui se charge d'appeler régulièrement le commissariat pour prendre des nouvelles.

Mi-octobre, c'est l'inspecteur C. en personne, en déplacement à Dijon, qui prend la peine de nous mettre au courant des derniers développements de l'enquête en venant trouver Pascal sur son lieu de travail. Par la même occasion, il se préoccupe de mon état de santé. Pascal ne ment pas.

– Elle a beaucoup de mal à se remettre, vous savez. Je crois que tant que ce salaud ne sera pas sous les verrous, elle ne progressera que difficilement.

– Je comprends, mais sachez que nous mettons tout en œuvre pour le coincer. Une commission rogatoire nous a été accordée. Cela veut dire que nous pouvons l'arrêter n'importe où sur le territoire. Mes équipes ou n'importe quel autre fonctionnaire de police. Les deux autres filles ont confirmé le portrait-robot. Il s'agit bien du même homme, mais je n'ai pas le droit de vous en dire plus pour le moment. Sachez seulement qu'un détraqué comme lui prend de plus en plus d'assurance. Il se croit invulnérable et un jour, il commettra forcément une erreur fatale qui nous permettra de l'arrêter. Faites-moi confiance et transmettez toutes mes amitiés à Céline.

En rentrant à l'appartement, Pascal me relate son entretien avec C. Les propos du policier à la fois me bouleversent et me donnent de l'espoir. J'imagine déjà que mon violeur sera arrêté dans les prochains jours, et pendant quelque temps, je vis dans l'attente de le savoir enfin sous les verrous. Mais il me faudra encore beaucoup de patience.

En attendant, Noël approche à grands pas. Mes parents et Sylvain viendront le passer chez nous. Je ne tiens plus en place. J'oublie un temps mes tracas et ne pense qu'aux bons moments que nous allons passer tous ensemble. Je suis excitée comme une gamine. Mes collègues s'en amusent tellement j'ai la pêche. Je chantonne en travaillant. Je fais tout vite et bien et me lève de bonne humeur. Au programme : réveillon du 24 à l'appartement, et le midi du 25, nous sommes tous invités chez les parents de Pascal. Nos deux familles se sont rencontrées chez nous l'été dernier. Nous les avions réunies, à l'occasion d'une visite de mes parents. Papa, amoureux des plantes, nous avait traînés dans une jardinerie et avait fleuri notre logis. Depuis, je prends grand soin de mes nouvelles amies vertes, et non contrariantes, celles-ci !

Malgré l'enquête, malgré mes terreurs et toutes ces habitudes qui gâchent mon quotidien, je continue de vivre et d'avoir des projets. J'en ai besoin, comme tout le monde. Et le projet qui, en ce début d'année 1997, occupe mes pensées n'est pas des moindres. Pascal et moi avons décidé de nous marier l'été suivant. Cette envie d'union est arrivée tout naturellement et elle est pour nous la suite logique de notre vie à deux. Cette nouvelle perspective nous remplit de joie et de bonheur.

J'annonce la nouvelle en mars à mes parents, lors de quelques jours de vacances pris ensemble dans le Sud de la France. Je sais déjà à l'avance qu'ils seront heureux pour moi, pour nous deux, et certainement soulagés pour mon avenir, après les épreuves que j'ai traversées. De plus, ils éprouvent beaucoup d'affection pour Pascal, qu'ils connaissent bien depuis maintenant un an.

Une période un peu euphorique commence alors au sein de notre famille. Il y a une foule de choses à préparer pour le mariage. Le choix de la salle, la liste des invités et tout ce qui tourne autour de la future cérémonie. Cela d'autant plus que nous avons annoncé notre union seulement cinq mois avant celle-ci ! En mars pour le mois d'août. Jeunes et très amoureux, nous n'avons absolument pas pris conscience du long délai que nécessitent les préparatifs. Sur le moment, mes parents sont un peu paniqués en réalisant le peu de temps qu'il nous reste pour tout finaliser. Mais c'est sans compter sur l'efficacité légendaire de Maman. En effet, le mariage se déroulera à Cherbourg, tandis que nous habitons Dijon et ma future belle-famille, la Franche-Comté. C'est donc sur les épaules de Maman que tout repose, aidée par Papa. Nous lui faisons confiance.

Seule ombre au tableau : il n'y aura pas d'amis à ce mariage, exceptés Benoît et Sophie, mon amie de toujours. Les seuls qui ne m'ont jamais fait faux bond. Ils seront d'ailleurs nos témoins. À la fois témoins du mariage et témoins d'une profonde amitié. De son côté, Pascal a perdu de vue depuis bien longtemps ses amis d'enfance. Il est allé en pension dès l'âge de 11 ans et passait quasiment tous ses week-ends chez les scouts. Une enfance et une adolescence « à la dure », qui ont forgé son caractère. Malgré tout, l'absence des autres n'entache absolument pas la joie des préparatifs. S'ils ne sont pas invités, c'est que j'ai jugé qu'ils n'étaient pas dignes de cette fête de famille.

Comme lors de mon départ de la ville maudite, je suis prête pour un nouveau chapitre de ma vie, avec celui qui me comprend mieux que personne.

8

Un mariage, un bébé et une arrestation

Mars-Août 1997

C'est en mars 1997 que la nouvelle tombe. Un ancien de la promo, qui est resté dans la ville, l'une des rares personnes avec qui Pascal a gardé un peu de contact, nous téléphone pour nous apprendre que le violeur a été interpellé par les services de police. En fait, quasiment juste un an après mon agression. Le quotidien local y fait allusion. L'inspecteur avait donc raison. L'agresseur a commis une faute, qui s'est révélée fatale pour lui et salvatrice pour les victimes effectives et potentielles.

L'homme s'est rendu une deuxième fois, à quelques semaines d'intervalle, chez une jeune fille qu'il avait déjà violée. Cette dernière a reconnu sa voix et sa façon de se présenter à l'interphone. Elle l'a fait patienter derrière sa porte d'entrée, puis a aussitôt appelé la police, qui est intervenue pour l'arrêter. Ce salaud devenait trop sûr de lui, et par conséquent de moins en moins prudent.

À l'annonce de cette arrestation, je suis submergée par divers sentiments. Soulagement, émotion, haine, vengeance assouvie… Enfin, je n'aurai plus l'impression d'être suivie par lui dans la rue, comme dans tous les endroits où je me rends. J'imagine que le cauchemar est enfin terminé. Cependant, toutes mes angoisses vont-elles pour autant s'envoler du jour au lendemain, comme je le voudrais ? C'est en tous les cas ce que je souhaite du fond du cœur. Pour le moment, il est en détention préventive et sera jugé pour ses crimes dans un second temps.

En attendant, j'essaie de ne plus y penser pour me consacrer uniquement aux préparatifs du mariage, car le temps passe vite et la date de notre union approche à grands pas. Malheureusement, ce n'est pas aussi simple que je le croyais, car tout est loin d'être terminé au niveau de l'enquête. Entre-temps, l'inspecteur C. appelle Pascal pour nous conseiller un avocat spécialiste dans ce genre d'affaires. Une femme. Je n'en reviens pas.

– Pourquoi un avocat ? J'ai porté plainte, il est arrêté et sera jugé, ils n'ont plus besoin de moi, maintenant.

– Tu n'as pas le choix. Si tu veux qu'il paie pour ce qu'il a fait, il doit y avoir un procès avec la défense de ton cas, me raisonne Pascal.

– De toute façon, j'imagine que l'avocat s'occupe de tout, et que je n'ai plus rien à voir là-dedans.

– Je n'en sais pas plus que toi pour l'instant sur le déroulement de la suite.

En dépit des premières recommandations que l'inspecteur C. m'avait faites, je n'avais jusque-là jamais pris conscience de la lourdeur d'une procédure judiciaire. Prendre un avocat. Plaider sa cause. Revenir encore et encore sur ces souvenirs tellement douloureux. Se défendre, en quelque sorte. Pour moi, c'est un nouveau coup de massue.

Pourquoi faut-il toujours qu'un nouvel événement vienne troubler ma vie au moment où je crois commencer à m'en sortir ? Combien de temps cela va-t-il encore durer ? L'instruction menée par le juge est commencée et durera de longs mois encore.

Comme toujours, le quotidien reprend le dessus. Nous profitons d'un week-end férié du mois de mai pour revoir nos amis et futurs témoins de notre mariage. Benoît et Sophie, chacun accompagné de leur conjoint respectif. Nous décidons de nous retrouver en Savoie. Sophie vit à Chambéry, Benoît à Grenoble et nous à Dijon. Nous réglons quelques détails du mariage, mais surtout, nous rions beaucoup, jusque tard dans la nuit. Une détente absolue, un grand bol d'air pour nous tous.

La vie parvient malgré tout à m'apporter de grands moments de bonheur. La veille de la Fête de la musique, l'émotion est à son comble quand avec Pascal, j'obtiens confirmation de mes doutes.

Je suis enceinte.

Ce bébé, nous en parlions depuis longtemps déjà, nous le désirions plus que tout et il est arrivé très rapidement. Pascal laisse exploser sa joie, il jubile complètement et parvient difficilement à tenir en place. Quant à moi, je suis, bien entendu, aussi heureuse que lui, mais ne l'exprime pas de la même manière. Je suis surtout émue et incrédule, et laisse couler mes larmes en silence. J'ai encore peine à réaliser qu'un petit être vit déjà en moi. C'est la plus belle chose qui me soit jamais arrivée. Je le désirais tant. En apprenant cet heureux événement à venir, mes parents me sentent comblée et sont ravis pour nous. Il en est de même dans la famille de Pascal. Mariage, naissance, que des bonnes nouvelles en perspective.

Exceptés les petits malaises dus à la grossesse, excepté le fait que je redoute de ne plus entrer dans ma robe de mariée, tant mes fringales sont fréquentes, excepté que le matin, je dois m'alimenter avant même de poser un pied à terre, je me sens radieuse, heureuse. Bonnie Tyler rythme nos vies dans notre salon comme dans notre petite Fiat rouge. Je me sens enfin vivante. Le soleil estival est au rendez-vous. Il fait très chaud. L'appartement est une fournaise. Un soir, après le travail je convaincs Pascal d'aller nous baigner au lac Kir, qui propose de nombreuses activités liées au plan d'eau. Cette escapade nous rafraîchit et nous détend. Mon bébé grandit lentement en moi. Je suis bien.

Deux mois plus tard, c'est le grand jour. Nos familles sont réunies chez mes parents. Nous sommes en août.

Je me marie.

Cela fait longtemps qu'autant de monde n'avait pas prêté autant attention à moi. C'est même sûrement la première fois. Je suis la princesse de mes rêves de petite fille tandis que je descends l'escalier pour me rendre dans la cour fleurie où tous les invités nous attendent. Je porte une robe blanche en tulle, sobre, avec des petites manches courtes ballons. Seules quelques perles agrémentent ma tenue. Pascal est tourneboulé. Avant de revêtir son costume gris clair, il ne parvient même pas à fermer lui-même les boutons de sa chemise tant il tremble. Sa mère est obligée de l'aider ! Un peu plus tard à la mairie, à la question « voulez-vous prendre Céline pour épouse ? », il lâche un grand « oui » très sonore qui amuse tout le monde. Le maire lui signale alors qu'il peut embrasser la mariée. Il m'enlace alors si fort qu'il en arrache presque mon chapeau en tirant sur le voile par mégarde ! Je suis frêle dans ses bras. L'ambiance est détendue, les rires explosent derrière nous. Je l'aime tant. Je suis comblée de bonheur.

La fête se prolonge durant deux jours, deux jours merveilleux durant lesquels j'oublie tout. Pendant le dîner, je suis ravie d'ouvrir le bal avec Papa sur un rock and roll. Nous nous l'étions promis, nous l'avons fait. Tout le monde rit franchement. On mange beaucoup. On dort peu. On s'amuse énormément.

La veille du mariage, Pascal et moi nous sommes rendus au Nez de Jobourg, notre lieu de prédilection, ce sublime enchevêtrement rocheux de falaises où, un peu plus d'un an auparavant, nous nous étions retrouvés, dans la douleur et l'émotion. Comme si nous voulions rendre hommage à ce lieu magique, symbole de notre amour. Nous en avions besoin autant l'un que l'autre. Le soleil, la mer et le vent nous ont fait face, nous ont enveloppés de leur puissance, comme la dernière fois. Une accalmie rien que pour nous deux, enlacés, avant le jour J…

Le lendemain des festivités, nous abandonnons la famille pour ne penser qu'à nous seuls et profiter de notre voyage de noces, pendant deux semaines inoubliables. Je m'envole pour les Caraïbes, sur l'île Saint-Martin, en laissant mes soucis sur place. Durant cette parenthèse dorée, je retrouve une vie normale, sans crainte. En fait, je ne pense à rien d'autre qu'à mon nouveau bonheur et nous profitons ensemble de la vie le plus simplement du monde, naturellement. Nous nous baignons dans la mer turquoise face à une barrière de corail. Nous visitons l'île, louons un 4×4, dans lequel Pascal s'amuse comme un môme, et moi avec. Bébé semble super bien accroché. Nous nous envolons une journée avec un petit avion local pour rejoindre l'île voisine, Saint-Barthélemy. Ici, le luxe. Villas de rêve, yachts dans le port de plaisance. De nombreux people y résident durant la belle saison. Nous ne faisons qu'y passer. Cette quinzaine de jours est un rêve éveillé. Nous ne pensons qu'à nous deux et rien d'autre. J'aimerais que ces vacances durent toujours.

Mais les moments d'exception ont toujours une fin, que l'on voudrait pouvoir repousser. Il est déjà l'heure de rentrer, avec les bonnes et les mauvaises nouvelles.

9

L'expertise psychiatrique

Septembre 1997-Février 1998

Nous rentrons à Dijon début septembre, avec un important décalage horaire dans les pattes. Nous sommes épuisés et heureux, c'est la première fois que nous entrons dans notre appartement depuis que nous sommes mariés. Nous sommes chez nous, ensemble, avec en tête les merveilleux souvenirs des deux dernières semaines. Évidemment, une tonne de courrier nous attend, mais nous ne prenons soin d'ouvrir que les enveloppes importantes. Le reste pourra bien attendre demain. Nous sommes encore sur notre nuage, et certainement pas d'humeur à nous encombrer ce soir de petits tracas quotidiens. Pourtant, elle est là, au milieu de la pile. Une enveloppe officielle, qui m'intrigue et m'angoisse aussitôt. Je ne résiste pas à la curiosité et je décachette l'enveloppe, tout en sachant pertinemment que je vais raviver de mauvais souvenirs. Je n'ai pas le choix, c'est trop important.

– Oh ! Non, pas ça. Pas maintenant.

Abasourdie, je tends la feuille à Pascal, qui affiche lui aussi une mine inquiète. Sûrement une mauvaise nouvelle.

– C'est un psychologue, missionné par le juge d'instruction. Il dit que je dois absolument le rencontrer pour procéder à un examen psychologique. Le rendez-vous est déjà programmé pour la semaine prochaine. Ce n'est pas possible, je ne peux pas y aller, je travaille, et en plus, je ne vais pas faire la route jusque là-bas, juste pour quelques heures sur place. Et puis, que vais-je dire au boulot ? Personne ne sait rien.

Ma tête va exploser et je cherche en vain toutes les excuses possibles. Cette rencontre, je ne la veux pas, elle me terrifie. Sans parler de la perspective de retourner dans la ville maudite. Pascal essaie de tempérer.

– Écoute, ne t'inquiète pas pour rien. Dès demain, on appellera l'avocate pour voir ce qu'on peut faire. On peut certainement décaler ce rendez-vous. On va aussi téléphoner à tes parents pour leur demander conseil.

– Je n'ai vraiment pas envie de voir qui que ce soit pour raconter mon histoire et mes états d'âme. Comment est-ce que je pourrais parler de ça à un inconnu ? Nous en avons déjà discuté, et tu sais bien ce que j'en pense. En plus, je n'ai pas besoin de psy.

– Oui je sais, mais tu n'as pas le choix. Si tu veux qu'il y ait un procès, qu'il en prenne le maximum, il faut que tu expliques les conséquences de ses actes sur toi. Je sais que ce sera difficile.

Résignée, je ne trouve rien à ajouter aux arguments de Pascal. Au fond de moi, je sais que c'est lui qui a raison, mais j'ai beaucoup de mal à admettre cette vérité. À nouveau, j'ai l'impression que la vie s'amuse à me jouer un vilain tour. Pourquoi aujourd'hui, à notre retour de voyage de noces ? Cela ne peut pas tomber plus mal. Mais en fait, si. Cela aurait pu être bien pire, puisque le courrier est daté de deux jours avant le mariage. Heureusement que j'étais déjà à Cherbourg quand il est arrivé chez nous… Sans quoi, cette lettre aurait gâché le plus beau jour de ma vie. Jusqu'ici, le début de ma grossesse se passait merveilleusement bien. Et voilà que maintenant, je vais devoir à nouveau ressasser toutes ces horreurs. En me rendant à ce rendez-vous, j'ai le sentiment que je vais imposer à mon bébé mes propres souffrances. Plus que tout, l'idée d'aller « discuter » de mon viol avec un inconnu me répugne, même si c'est un psy.

Le lendemain, je me sens quelque peu soulagée. Le rendez-vous est reporté pour plus tard, chez un psychologue de Dijon, qui sera également désigné par le juge d'instruction. Il ne me reste plus qu'à recevoir la convocation de cette rencontre par courrier. Encore une fois, c'est Pascal qui s'est chargé de toutes les démarches. Depuis mon agression, j'ai tendance à fuir les problèmes liés à celle-ci et je me repose entièrement sur mon mari.

Le week-end suivant, nous le passons à l'appartement, à trier toutes les photos du voyage de noces. Je me suis dépêchée de les faire développer. Nous nous racontons nos souvenirs.

– J'ai hâte de revoir Papa et Maman pour leur montrer ces photos. Elles sont géniales.

Je n'entre déjà plus dans les jeans que je portais au début du voyage ! Si je commence à grossir aussi vite, je ne sais pas comment je vais finir au bout de neuf mois. Mais je n'y peux rien, j'ai sans cesse faim. Et il faut dire que je ne me prive de rien.

Les mois défilent. Nous sommes en janvier 1998 et je suis en congé de maternité. Pascal travaille énormément et je passe donc la plupart de mes journées d'hiver, seule, dans notre appartement. Il neige. Je m'ennuie. Pour passer le temps, je dévore des livres, des romans, en particulier. Je suis marquée par *L'Espace d'une vie*, de Barbara Taylor Bradford, que me prête ma mère. Une grande saga dramatique qui se lit d'une traite. Je finis aussi par regarder les séries les plus stupides à la télé. J'ai encore trop de difficultés à sortir seule et le temps s'étire lentement. C'est la raison pour laquelle je téléphone à ma mère assez régulièrement, ce qui plombe d'ailleurs notre facture téléphonique ! Maman me distrait, me raconte la vie à Cherbourg, me donne des nouvelles de Sylvain et de sa petite amie, Aurore. Je lui raconte ma grossesse. Elle la suit par procuration.

Ici, je ne me suis pas fait beaucoup d'amis. Seule une collègue de travail, Magalie, prend de mes nouvelles en me téléphonant de temps à autre. Nos sorties avec Pascal se font essentiellement au cinéma ou au restaurant. Nous passons la plupart de nos soirées en tête à tête. Pour le reste, nous allons régulièrement chez les parents de Pascal. Nous y retrouvons sa famille autour d'un déjeuner dominical. Seul Benoît, qui vit désormais à Grenoble, nous rend parfois visite, ou nous appelle régulièrement.

Je repense souvent à mon amie de l'école de commerce, Sandra, et je regrette amèrement ce manque de compréhension qui s'est installé entre nous et nous a amenées à nous quitter brusquement, sans explication. J'ai envie de reprendre contact, mais j'hésite toujours et ne passe jamais le cap. J'ai surtout peur du ridicule, peur de venir quémander son amitié, son soutien, sa bonne humeur. Peur d'être mal reçue. Je ne veux avoir besoin de personne et surtout pas de quelqu'un qui, un jour, m'a laissée tomber. Mes sentiments sont confus. J'aurais dû me laisser guider par mon désir et revoir Sandra avant qu'il ne soit trop tard…

Je le regretterai toujours.

Durant ces semaines de solitude, je gamberge, et des pensées violentes me submergent. Je repense sans cesse à cette soirée d'avril 1996, à ce que j'ai subi, à mon corps bafoué. Le passé s'accroche à moi, comme une verrue qui fait souffrir et qu'on a hâte de brûler pour s'en débarrasser. Peut-être que si je pouvais tuer mon violeur, je parviendrais à exorciser ce passé ? C'est ce que je me dis souvent, cependant ce n'est pas si simple.

J'ai souvent envie de tirer une balle dans la tête de ce salaud et je pense à ce qu'il va advenir de lui, une fois le procès passé. Ma haine de la justice est alors immense, dans ces moments-là. Il passera quelques années à l'ombre, mais pas trop longtemps, juste le temps qu'un psy lui fasse comprendre qu'il a fait une grosse bêtise. Mais ce n'est pas si grave, s'il reste bien sage, la punition sera revue à la baisse. On le laissera partir avant le terme initialement prévu, en lui faisant promettre de ne plus recommencer. En prison, le coupable devient, aux yeux de la société actuelle, une victime. Victime d'un milieu carcéral malsain, souvent sordide, et d'un enfermement difficile à vivre. Une fois que son esprit et ses pulsions semblent apaisés par quelque miracle, on lui laisse gentiment reprendre une vie normale, comme si de rien n'était. Et ce, jusqu'à son prochain « pétage de plomb ». Quelle hypocrisie. Ce constat me met hors de moi. J'ai en permanence, au fond de moi, cette colère que je sens bouillonner, mêlée à cette peur qui me terrasse. Ces sentiments contradictoires, obsédants, me privent de mon équilibre vital. Plus jamais je ne me sens vraiment bien, je crois seulement l'être de temps à autre, mais ce n'est qu'une illusion. Et c'est finalement cette illusion qui me sauve. Qui peut vivre sans jamais croire un seul instant au bonheur ? Personne. Seulement, depuis mon agression, j'ai peur de tout, bien entendu. Même du bonheur. Lorsque je me sens heureuse, j'ai toujours peur que cela ne dure pas, je me dis que c'est trop beau pour être vrai et qu'il se passera forcément quelque chose de terrible ensuite.

C'est exactement douze jours avant la naissance de mon enfant que je dois affronter l'épreuve tant redoutée. La visite chez le psychiatre. En ce jour de février, il fait très beau. Je suis sur les nerfs et c'est Pascal qui en fait les frais.

– Tu m'accompagnes là-bas et surtout tu restes avec moi, O.K. ? Je ne veux pas rester seule avec un type que je ne connais pas. Déjà que je ne sais pas encore ce que je vais lui dire !

– Bien sûr, tu peux compter sur moi, me répond mon mari.

Qu'est-ce que je vais bien pouvoir lui raconter ? Comment lui expliquer ce qui est arrivé ? Il est vrai que je l'ai déjà fait avec les policiers, mais ça venait juste de se produire, et l'état de choc de l'époque rendait finalement le récit plus facile à exprimer. Aujourd'hui, presque deux ans après, le fait de ressasser toutes ces horreurs me glace complètement. Et puis, même si ce médecin est mandaté par le juge d'instruction pour rendre une expertise, il se fiche sans doute royalement de mon histoire. Je le déteste déjà.

Arrivés au cabinet, situé tout près de chez nous, en centre-ville, nous empruntons un escalier exigu et entrons dans une pièce plus exiguë encore, vieillotte et confinée. Vraiment pas l'endroit idéal pour dévoiler ses états d'âme... Un homme barbu d'une quarantaine d'années nous accueille courtoisement, mais il interdit à Pascal d'assister à l'entretien.

– Comprenez bien, Monsieur, que votre épouse se sentira plus à l'aise pour parler si vous n'êtes pas avec elle.

Que sait-il de ce qui est bien pour moi, ce con ? Comment se permet-il de juger ? Je riposte.

– Mais enfin, il sait déjà tout dans les moindres détails ! Je n'ai absolument rien à lui cacher !

Je suis paniquée à l'idée que Pascal s'en aille et me laisse seule dans cet endroit affreux.

– C'est comme cela que nous devons faire, c'est la procédure. Tout se passera bien, ne vous inquiétez pas, nous en aurons pour deux ou trois heures. Vous pourrez appeler votre mari d'ici pour qu'il revienne vous chercher, si vous le souhaitez.

Procédure, tu parles ! La procédure idéale serait que les détraqués n'aient pas le droit de vivre sur cette terre ! Deux ou trois heures en plus ! Et puis quoi encore !

Finalement, Pascal s'en va, après m'avoir souhaité bon courage. Je m'assieds seule face au médecin, prête à exploser. C'est la première fois que je suis assise devant un psychiatre.

– Bon. J'ai lu votre dossier. Je connais donc votre histoire. Ce n'est pas de cela précisément dont nous allons discuter ensemble, mais plutôt des conséquences que ces actes ont aujourd'hui encore sur votre vie quotidienne. Je vous demanderai aussi quelle a été votre réaction au moment des faits. Si vous avez craqué immédiatement ou si vous étiez en état de choc. Vous comprenez ? Ce genre de choses, quoi…

– O.K. Si vous voulez.

Je me sens déjà soulagée de savoir que je n'aurai pas à lui raconter le fameux soir…

Au fur et à mesure de la discussion, je reprends un peu confiance en moi et en lui. L'homme ne semble pas me juger, il est patient, même quand parfois, j'ai du mal à avouer certaines choses. Bien que je ne me sente pas tout à fait à l'aise, comme de juste, l'entretien se déroule plus facilement que je ne l'avais imaginé. À ma grande surprise, le psy ne pose pas les questions de but en blanc, il n'est ni direct, ni brutal comme je le craignais, et il connaît déjà les circonstances de l'agression. Comme il me l'a promis, il m'interroge plus sur mes ressentiments et sur les séquelles du viol dans ma vie quotidienne que sur l'agression en elle-même. Je me rends à l'évidence. Il a été mandaté uniquement pour juger de mon état psychologique passé, actuel et à venir, et pour rien d'autre. Il me fait passer des tests psychologiques à l'aide de dessins. L'un d'entre eux met en scène un monstre, qu'il me faut situer sur la page. Sur un autre dessin, je dois dessiner ma maison, ma famille. Sur le moment, cela me paraît complètement puéril. Et pourtant, ces croquis disent bien des choses sur mon état mental. Ils révéleront un état de stress post-traumatique[1]. Le psy m'interroge également sur le ressenti de ma grossesse

1 L'état de stress post-traumatique désigne un état psychique qui intervient, dans un laps de temps plus ou moins long, après un événement violent et très brutal (agression, attentat, accident…). Il se manifeste principalement par des flashs-back diurnes et nocturnes de l'événement traumatique, l'évitement de certaines situations rappelant le traumatisme et une très grande anxiété.

qui arrive bientôt à terme. Sur ce plan-là au moins, je n'ai pas l'ombre d'une hésitation.

– Très bien, pas de problème vis-à-vis de mon bébé. Je dirais même que j'adore être enceinte. Je suis grosse mais me sens bien. Cela me rassure. J'ai l'impression qu'avec ce ventre énorme, rien ne peut m'arriver. Je suis à l'abri.

Près de trois heures plus tard, j'appelle Pascal, qui arrive presque aussitôt. Je me sens vidée, mais finalement pas déçue de notre entretien.

Ce n'est que quelques mois plus tard que j'aurai connaissance du rapport d'expertise psychiatrique. Il sera utilisé en ma faveur le jour du procès. Cependant, Dieu seul sait quand celui-ci aura lieu. Il a fallu un an pour arrêter le coupable, et encore un an avant de voir ce psychiatre. Pour la suite, il faut attendre.

Pour le moment, ce n'est pas ma préoccupation principale. Après avoir frôlé la mort et touché l'horreur, je m'apprête à donner la vie. Et c'est tout ce qui compte.

10

Une naissance et une mort

Février-Août 1998

Le 28 février 1998, une merveilleuse petite fille est née, souriante et pleine de charme. Elle conquiert déjà le cœur de tout son entourage. Avec la naissance de ma fille, mes problèmes sont balayés par une vague d'amour, et je crois même les oublier pour de bon. Être mère ne s'explique pas, ça se vit. Je découvre, avec Pascal, des sentiments qui m'étaient inconnus.

Ma collègue Magalie, elle-même maman de deux enfants en bas âge, est venue spontanément me rendre visite à la maternité, ce qui m'a fait très plaisir. Elle est originaire du Sud de la France et son accent est délicieusement chantant. Grande aux cheveux bouclés, elle rit tout le temps. C'est amusant d'échanger nos « trucs » sur les bébés, l'allaitement... C'est la seule personne à s'être déplacée en dehors de la famille. C'est également ma première relation amicale depuis deux ans. Je ne peux pas dire que nous sommes de grandes amies et nos relations restent superficielles, mais elle est gaie et nous rions beaucoup ensemble, de tout et de rien. Cette bonne humeur et cette insouciance m'aident à reprendre un peu plus confiance en moi. On sous-estime souvent l'importance de la légèreté.

Avec ma fille, je réapprends à sortir un peu plus de chez moi, même si je ne m'aventure pas encore bien loin. Je me rends chez le boulanger du coin de la rue, je vais faire les courses au supermarché, et cela me semble désormais plus facile, plus naturel qu'au cours de ces deux dernières années. Une certitude, peut-être magique, me pousse à croire qu'il ne peut rien m'arriver de mal en compagnie de mon bébé. La mère de famille, selon moi, représente moins une cible d'agression qu'une jeune femme seule. À tort ou à raison ? Nul ne peut le dire. Toujours est-il que j'ai le sentiment que, dans mon cas, c'est l'enfant qui protège sa mère et non l'inverse… Doucement, il me semble reprendre goût à la vie. Désormais, je ne pense plus qu'à ma fille et au bonheur qu'elle me procure. En fait, tout va bien pour moi en ce moment.

En ce lundi de la fin du mois de mai, je suis invitée pour la première fois à passer l'après-midi chez Magalie. Je suis ravie et je m'y rends avec ma fille, âgée de trois mois. C'est pour moi une nouvelle façon de vaincre mes peurs. Le fait de prendre la voiture seule et de parcourir les quelques kilomètres jusque chez elle représente pour moi un défi que je me dois de relever.

Il fait un temps splendide ce jour-là sur Dijon, et l'on commence à ressentir les premières chaleurs de la saison. Aujourd'hui, je suis bien décidée à profiter de cette journée. L'après-midi se déroule à merveille, comme prévu. Nous le passons confortablement installées dans le jardin ombragé, en sirotant du jus de fruits frais, tandis que les enfants de Magalie jouent près de nous en s'émerveillant devant le petit bébé. Je me sens formidablement bien et détendue. Ces papotages entre filles me rappellent le temps jadis où j'étais entourée d'amies. Toutes celles que j'ai perdues…

Sur le chemin du retour, en fin de journée, je suis pressée de partager ce moment avec Pascal. Il fait encore chaud en ce début de soirée et j'ai envie d'aller me promener dans le jardin public, en bas de chez nous, avec ma fille et mon mari dès qu'il sera rentré du travail. En me garant, je suis agréablement surprise de constater que Pascal est déjà de retour à la maison. Il a terminé plus tôt que d'habitude. Je me précipite dans l'appartement, radieuse. Pascal m'accueille. Son visage est tendu, contrarié, triste. Je ne sais plus quoi dire.

– Que se passe-t-il ? Tu en fais, une tête !

– Viens là, il faut que je te parle, répond-il en m'invitant à m'asseoir dans le canapé.

Son ton éveille immédiatement mon inquiétude. Quelque chose de grave est arrivé. Tout se bouscule dans ma tête, mes jambes deviennent flageolantes. Un écran noir…

– Qu'est-ce qu'il se passe ? Il est arrivé quelque chose à mes parents ? Mon frère ?

– Non, ils vont bien. Il ne s'agit ni d'eux, ni de ma famille.

Énorme soulagement. Mais ça n'explique pas tout, je ne comprends rien.

– Qui, alors ?

J'ai rarement vu mon mari perturbé à ce point. Il ne sait pas par où commencer.

– C'est Sandra, j'ai une mauvaise nouvelle. Elle est décédée, m'avoue-t-il après un court silence qui me semble une éternité.

Sa voix se brise, l'émotion est à son comble. Je ne crois pas ce que je pense avoir entendu. Je ne saisis pas bien. Mon amie a 25 ans. On ne meurt pas à cet âge, c'est impossible.

– Quoi ? Décédée ? Mais comment ? Ce n'est pas possible !

– Elle a été tuée.

On vient de me donner un coup de poignard dans le ventre. Je m'effondre, sans parvenir à me maîtriser. Je ne retiens qu'un seul mot. Tuée. On a donc voulu sa mort. Assassinée, morte Sandra. Elle n'existe plus, ne vit plus, ne rira plus. Pas elle, ce n'est pas possible, pourquoi elle ?

Pascal reprend sa difficile explication. Il m'apprend que Sandra avait disparu depuis quelques semaines. Elle ne vivait plus chez ses parents, ni dans la même ville. Elle occupait un poste de responsable de rayon, dans une grande surface de la région parisienne. Elle vivait donc seule, en appartement. Le coupable serait le concierge de son immeuble, qui l'a étranglée et violée dans les sous-sols. Le corps de mon amie a été retrouvé dans un bois, à quelques kilomètres des lieux du crime, bien longtemps après les faits.

Un souvenir surgit, comme une décharge qu'on m'imprime brusquement dans le crâne… D'après ce que je sais, les parents de Sandra avaient appris, à l'époque, ce qui m'était arrivé. Ils avaient donc pris soin de choisir un appartement sécurisant, avec concierge, digicode, pas en rez-de-chaussée, dans un quartier calme, pour une jeune femme seule. Ils avaient fait le maximum. Tout ça pour finalement en arriver là.

Je suis horrifiée. Je n'essaie pas de retenir mes larmes. Je suis à la fois submergée de tristesse, mais surtout de dégoût. Submergée est le mot juste. C'est comme si je me noyais sous une vague puissante, comme si je coulais, sans pouvoir respirer, sans pouvoir lutter. Je ne deviens qu'une goutte d'eau dans un océan de fureur. Quand tout cela finira-t-il ?

Je pense pouvoir ressentir la terreur de Sandra au moment de l'agression, cette peur effroyable de la mort qui malheureusement a fini par avoir le dessus. Je suis sous le choc, complètement anéantie par la nouvelle. Sandra a-t-elle eu, un bref instant, une pensée pour moi ? Je me le demande, car je m'étais confiée à elle au sujet de mon viol et lui avais expliqué ma panique à l'éventualité de mourir. Sandra avait été glacée par mes propos, bouleversée. Mes anciennes paroles ont dû ressurgir dans son esprit, ne serait-ce qu'un dixième de seconde. J'en suis convaincue, au plus profond de moi-même, même si cela ne me réconforte en rien. Je sais aussi qu'elle a dû penser à des êtres chers, à sa famille. Quant au reste, je préfère ne pas l'imaginer. Comme un voile qui s'abat brutalement sur cette belle journée, un sentiment de panique s'empare de moi. Dans quel monde vit-on ? C'est un cauchemar permanent. Mais pas de ceux qui défilent dans la tête la nuit et qui se terminent au réveil. Non. Le cauchemar est dans la vraie vie.

Ce soir-là, je ne suis pas au bout de mes surprises. Pascal m'apprend quelque chose qui me choque presque autant que la mort de Sandra. Le coupable est un homme marié, père de famille, et surtout récidiviste. C'est la goutte de trop. Je suis révoltée.

Récidiviste, cela veut bien dire qu'il a déjà fait du mal autour de lui, qu'il a été emprisonné et libéré, en dépit du fait qu'il est dangereux. Comment peut-on, en son âme et conscience, remettre en liberté quelqu'un comme ça ? Les personnes responsables de la remise en liberté de cet homme devraient se sentir coupables du meurtre de mon amie. Elles devraient avoir des comptes à rendre sur ce qui s'est passé.

Je n'en peux plus, je suis complètement désespérée et effrayée de vivre dans ce monde ignoble où seule, me semble-t-il ce soir, règne la perversité des hommes.

Plus que tout, c'est un regret acide qui me ronge. Celui de ne pas avoir repris contact avec Sandra pendant qu'il en était encore temps. Maintenant, c'est impossible. Pourquoi n'ai-je pas suivi mon instinct alors que j'étais prête à lui téléphoner ? Pourquoi n'ai-je pas mis ma fierté de côté ? Sandra, si joyeuse et si enjouée.

Pascal et mes parents étaient au courant de la disparition de Sandra depuis longtemps. Du fait de mes liens avec mon amie, la police avait souhaité entrer en contact avec moi pour m'interroger. Mais en raison de mon accouchement imminent, mes proches avaient préféré que je sois tenue à l'écart et mes parents avaient expliqué aux enquêteurs que Sandra et moi nous étions perdues de vue depuis la fin de nos études, deux ans auparavant. Je leur en suis reconnaissante, même si le choc est d'autant plus dévastateur…

Ce soir, j'ai l'impression que je ne me remettrai jamais de la mort de Sandra. Tout est noir, et rien ne redeviendra jamais plus comme avant. Le temps s'est figé, en cette soirée de printemps. Je pleure en changeant mon bébé avant de la mettre au lit. Je la serre dans mes bras et suis terrifiée. Je me sens responsable de lui avoir donné vie dans un monde si cruel. J'ai la sensation qu'elle ne sera jamais en sécurité nulle part dans sa vie. J'ai terriblement peur. Je la couche. Pascal et moi, nous nous couchons peu après. Je me blottis dans ses bras sans parvenir à trouver le sommeil.

Durant le mois de juillet, le frère aîné de Pascal se marie. La fête est particulièrement réussie et nous nous amusons beaucoup. Puis nous partons en vacances, dans le Sud de la France. Notre fille porte son premier petit maillot de bain rose fluo, assorti au chouchou placé dans ses cheveux. Elle est la plus jolie des petites filles, et nous la mitraillons de photos.

Août 1998. Les cartons s'amoncellent dans l'appartement étouffant. Dehors, il fait très chaud et l'atmosphère est suffocante, comme dans la plupart des villes. L'air de la mer est loin, trop loin pour moi. Cela fait à peine plus de deux ans que nous habitons Dijon, et, l'un comme l'autre, nous avons beaucoup de mal à nous y faire. La vie ne nous plaît pas ici, nous avons donc décidé de quitter cette région et de tenter notre chance ailleurs.

Je n'ai pas repris le travail suite à la naissance de ma fille. J'aurais dû le faire il y a deux mois. Or j'ai donné ma démission, car nous avions déjà le projet de quitter la région. Pascal quitte également son poste de responsable du secteur frais. Il a trouvé l'équivalent en Seine-Maritime. Quant à moi, un poste de responsable de rayon textile m'attend également. Nous allons nous rapprocher un peu plus de mes parents. Ma famille me manque beaucoup trop. Je ne la vois pas suffisamment. J'ai besoin de l'épaule de ma mère, de l'assurance et de l'humour de mon père, ainsi que de la complicité de Sylvain.

Depuis le début de l'été, je ne cesse de recevoir divers courriers concernant l'instruction en cours. Cette accumulation de lettres et d'informations remue violemment le passé, encore et encore. Malgré mes projets futurs, il devient vraiment difficile pour moi de tenter d'oublier.

Durant l'été, on me notifie par courrier la conclusion d'expertise psychologique de mon agresseur. J'apprends une bonne et une mauvaise nouvelle.

La bonne nouvelle, c'est qu'il est bel et bien responsable de ses actes. En gros, même s'il est dangereux, il n'est pas malade, et il est donc accessible à une sanction pénale. Il va devoir payer pour le mal qu'il a fait. C'est au moins une compensation pour moi. En revanche, le second point du rapport me révolte. En lisant ce compte rendu, j'apprends qu'il est jugé « réadaptable à la vie sociale dans des conditions satisfaisantes » s'il suit une psychothérapie. Réadaptable, rien que le mot me fait frémir de rage et d'injustice ! Pour moi, cela revient à admettre qu'il a commis une erreur de jeunesse. Pas de quoi en faire un drame, voyons, il n'a « fait que violer », il n'a tué personne…

Personne n'a l'air de prendre conscience que de mon côté, je suis une victime, qui le restera toujours pour ce qu'elle a subi. C'est-à-dire que je ne serai jamais plus la même, que mon comportement, mon caractère, ont été transformés par ce qui m'est arrivé. Il y aura, toute ma vie durant, un avant et un après le viol. Je n'y pourrai jamais rien changer. C'est tout de même suffisamment énorme et incroyablement important pour qu'on y prête un minimum d'attention ! Cependant, en l'occurrence, seul le coupable semble avoir le droit à une deuxième chance.

Une quinzaine de jours s'écoule avant que je ne reçoive le rapport relatif à ma propre expertise. Lequel confirmera qu'avant le viol avec violence sous la menace d'une arme dont j'ai été victime, j'étais « intelligente et épanouie, sans aucune personnalité pathologique ». Cependant, depuis l'agression, je présente « un état de stress post-traumatique avec des conséquences jusqu'à long terme (...) des phobies se sont installées de façon durable ». Ma « personnalité fragilisée n'est désormais pas à l'abri d'épisodes dépressifs plus ou moins intenses », avec des conséquences sur ma vie future.

Stress post-traumatique. Le mot est lancé, et il recouvre tous les symptômes dont je souffre depuis l'agression. En fait, tout ceci ne me surprend guère. Je suis consciente de mon état, seulement cela n'annonce pas un avenir très prometteur.

Les jours suivants, je reçois encore des courriers réguliers liés à la procédure. Me voilà totalement immergée dans cette ambiance sordide de viol, de criminel, d'enquête, d'avocat...

Heureusement, notre déménagement pour la Haute-Normandie m'occupe l'esprit à plein temps. Pascal étant toujours en poste, en préavis suite à la démission qu'il a donnée, je me charge de l'organisation du départ. Cela me permet, malgré tout, de penser à autre chose et d'imaginer une vie différente.

Peu avant de quitter Dijon, nous sommes invités à un barbecue, chez un collègue. D'autres personnes du travail sont présentes. La soirée se déroule gaiement, dans le jardin. Les discussions sont animées et les fous rires nombreux. Nous rentrons satisfaits et détendus. Comme ça fait du bien ! Un jour peut-être, nous aurons à nouveau des amis...

Une nouvelle ville, un nouveau paysage, un nouveau travail, une nouvelle maison, de nouvelles têtes, voilà ce qu'il nous faut.

Chapitre 11

La préparation du procès

Septembre 1998-Mars 1999

Mon nouveau travail me plaît beaucoup. Il me prend surtout énormément de temps. J'ai la responsabilité d'un rayon textile. J'apprends beaucoup de choses et l'ambiance est bien meilleure que là où je travaillais auparavant. Pour la première fois, je me sens réellement motivée. Pascal, dans la même entreprise, dirige le secteur des produits frais. Nous avons eu la chance de trouver une nourrice pour notre fille, à deux minutes de la maison. Une femme de l'âge de ma mère, charmante et toujours disponible. Notre bébé y trouve une seconde famille. Cela contribue également à mon bien-être au travail. Nous n'avons presque aucun moment de répit, mais cette vie-là nous convient à tous les deux. Nous habitons désormais une petite maison à la campagne, la mer est proche et ma famille beaucoup moins loin. Depuis que nous sommes installés dans la région, nous pouvons nous rendre chez mes parents quand bon nous semble. Sans le procès, j'aurais tout pour être totalement heureuse. Cependant, je continue de recevoir régulièrement des nouvelles quant à la progression du dossier, qui va rapidement s'accélérer.

Courant septembre, j'apprends que l'enquête a été transmise au procureur général. Puis en octobre, on m'informe d'une audience de la chambre d'accusation de la cour d'appel, laquelle doit ensuite rendre un arrêt. En clair, on examine précisément ce qui est reproché à l'agresseur pour ensuite décider les modalités de sa comparution devant la cour d'assises.

Je commence à être sérieusement perdue dans cet imbroglio de démarches juridiques et administratives. Mon agression m'a brutalement projetée dans un monde qui m'était jusqu'alors totalement inconnu. Heureusement, mon avocate s'occupe de tout, et, même si je ne l'ai jamais rencontrée, elle m'informe régulièrement du déroulement de la procédure. Je n'ai toujours pas pris conscience de tout ce qu'impliquait réellement le procès à venir. Pour moi, il doit y avoir un procès, donc un jugement, qui punira l'auteur des faits pour les horreurs qu'il a commises. Je n'envisage pas de complications outre mesure.

Pourtant, dès le mois de décembre, les choses prennent une tout autre tournure.

Je reçois la signification d'un arrêt de la cour d'appel m'apprenant le renvoi du dossier devant la cour d'assises. Il me faudra donc rendre visite à l'avocate pour préparer ma défense lors du procès, prévu sous peu. Jusqu'ici, tout se passait avec elle par courrier ou par téléphone. Cette fois, les choses sérieuses ont débuté. Avec tout le stress, l'angoisse et la déprime que cela engendre. Mes insomnies, dont je souffre par intermittence depuis le viol, me reprennent.

Noël approche à grands pas et ses préparatifs me distraient. Ce sera le premier Noël de notre bébé. J'ai déjà trouvé une jolie tenue. Une robe rouge à carreaux, qu'elle portera avec des collants et de belles chaussures vernies. Un chouchou dans ses cheveux raides, et elle sera la plus belle. Le jour venu, nous partons à Cherbourg après le travail, que nous avons pu quitter un peu plus tôt. Nous avons deux heures trente de route pour arriver chez mes parents. Comme chaque fois, nous passons une magnifique soirée. Sylvain et Aurore sont là aussi. Tout scintille. Maman a dressé une belle table et préparé un dîner savoureux. Le lendemain matin, sous le sapin, nous attendent les traditionnels cadeaux. Ces deux jours sont une pause, une bouffée d'air dans notre vie. Indispensable.

Quelques jours plus tard, début janvier, je suis hospitalisée en urgence pour une péritonite. Je souffrais du ventre depuis quelque temps déjà, sans que les médecins ne décèlent rien. Cette fois, on m'opère. Quelques complications. Puis finies les souffrances. Tout rentre dans l'ordre. Mon avocate m'appelle et fixe un rendez-vous à son étude, quelques semaines plus tard. Pour la première fois, je vais devoir retourner dans cette ville que je hais.

Il fait glacial, en ce jour de février. Accompagnée de Pascal, j'arrive au cabinet de mon avocate, les nerfs à fleur de peau. Elle est installée dans le centre-ville, à seulement quelques rues de mon ancien appartement. La secrétaire m'annonce que maître R. nous recevra avec environ une heure de retard. Résignés, nous patientons dans la salle d'attente. La secrétaire nous confie alors ma première déposition, qui date de presque trois ans et que je dois relire, sur consigne de l'avocate. Je me replonge alors dans cette lecture pesante et perturbante. Enfin, maître R. fait son apparition. La quarantaine, petite, blonde aux cheveux courts, elle semble dynamique. Elle nous guide vers son bureau.

– Bonjour Céline, installez-vous, me dit-elle en désignant un vieux fauteuil au velours usé, dans lequel je m'enfonce confortablement. Veuillez excuser mon retard, je plaidais au palais, et comme souvent, ça s'est prolongé… Monsieur, poursuit-elle à l'adresse de Pascal en montrant un second siège face à son bureau.

Je suis énervée. Je n'ai pas envie d'être ici. Cela n'a rien à voir avec elle, elle semble bien. Mais je fais un blocage, je suis fermée comme une huître.

– Avez-vous eu le temps de relire votre déposition ? Il est important que nous soyons bien d'accord sur les faits tels qu'ils se sont déroulés.

– Oui, c'est bon, j'ai relu. Tout est O.K.

– Voilà. Je vous ai convoquée car j'ai reçu la date fixée pour le procès.

Je pense changer de couleur à cet instant. Je sens mon sang glisser jusqu'à mes orteils. J'opine légèrement de la tête. Pascal se tourne vers moi, me prend la main. Enfin, tout sera bientôt terminé, il sera jugé.

– Le procès se déroulera sur deux jours, en avril prochain.

Un rapide calcul. Sept semaines. Il reste sept semaines de stress intense, avant le soulagement tant attendu. Pascal est comme moi, à la fois pressé et angoissé.

– Très bien.

C'est la seule chose que je parviens à articuler. maître R. m'explique alors en détail le déroulement du procès.

– Il faudra être présente lors du procès, Céline, annonce-t-elle en me fixant de ses yeux vifs.

– Oh ! Non, pas ça…

Je suis bouleversée.

Je savais qu'il y aurait un procès, évidemment. Mais je n'avais jamais pensé que je devrais y assister. Cela peut paraître surprenant, pourtant en aucun cas, je n'avais imaginé ma présence nécessaire, voire indispensable. J'étais sûre que l'avocate serait là pour me représenter, puisque c'est son boulot. Quant à moi, je n'ai rien à faire dans un tribunal. C'est incroyable ce que le subconscient parvient à produire comme pensées pour résister… Parce qu'inconsciemment, j'ai forcément dû y penser sans vouloir l'accepter, en refoulant de toutes mes forces cette idée. Celle de revoir, en face de moi, le monstre. Je suis déjà terrifiée rien que d'y penser.

Le pire de tout est que je vais devoir passer à la barre pour témoigner. C'est-à-dire raconter dans les moindres détails ce que j'ai subi, du début à la fin. « Dans les moindres détails », insiste maître R., c'est ainsi, si je veux que mon témoignage ait du poids. C'est la meilleure façon pour les jurés de comprendre réellement les circonstances du viol et surtout, de juger au mieux les conséquences que cette agression a eu sur ma vie, ma nouvelle vie. Pour moi, cela équivaut à une forme suprême d'avilissement. Je suis horrifiée à l'idée d'être humiliée devant tout le monde en me justifiant d'une faute que je n'ai pas commise. Je n'ai pas voulu ce qui m'est arrivé. Ce n'est plus de la colère à ce niveau-là, mais de la rage et du dégoût que je ressens.

Maître R. nous relate ensuite avec précision la façon dont l'enquête a été menée. En juillet 1998, le parquet de la ville a ouvert une information judiciaire contre X suite à deux plaintes pour agressions à caractère sexuel, vraisemblablement commises par le même individu. Les jeunes filles abusées après moi ont formellement reconnu l'homme du portrait-robot que j'avais établi. Quelques semaines plus tard, le magistrat instructeur a été saisi de huit plaintes supplémentaires pour lesquelles, à nouveau, le même agresseur semblait être mis en cause. Au total, dix femmes ont été victimes du même homme. Les deux premières ont seulement été témoins d'exhibitionnisme de la part du détraqué. Les huit autres, dont moi, ont subi des viols ou des agressions sexuelles. Ces compagnes d'infortune doivent aujourd'hui vivre le même calvaire que moi. Or il ne me vient même pas à l'esprit de chercher à les rencontrer. Ma propre souffrance est déjà trop difficile à porter, je ne pourrais pas encaisser la leur.

Le coupable utilisait toujours le même mode opératoire. Il frappait chez les jeunes femmes seules, demandait les coordonnées du propriétaire, en prétextant être à la recherche d'un logement. Avant cela, il les épiait durant quelques jours, même au travers de persiennes ou de rideaux tirés. Enfin, il s'introduisait dans l'appartement et les agressait, comme il l'avait fait pour moi. Plus le temps passait, plus il se montrait violent et pervers. Certaines ont fini bâillonnées et ligotées, fils de téléphone coupés. Combien de temps encore aurait-il continué s'il n'avait pas été appréhendé ? Combien d'autres victimes ? Et surtout, jusqu'où serait-il allé ?

Dans cette litanie d'horreurs que maître R. porte à ma connaissance, la seule bonne nouvelle ou plutôt, la plus acceptable, est que la majorité des autres victimes a souhaité un huis clos partiel. L'avocate me demande ce que je souhaite. Je suis perdue, mais lorsque je comprends ce que cela signifie, j'accepte immédiatement. Ainsi, seuls les familles ou amis proches, désignés au préalable par les victimes, peuvent assister au procès. Cela évite la foule des badauds, des curieux et des amateurs de faits divers sordides, la plupart des procès d'assises étant publics. Sont également mis de côté les journalistes. Un seul, de la rédaction du quotidien local, sera autorisé à assister aux audiences, mais il devra respecter l'anonymat des jeunes femmes dans ses articles et ne pas les prendre en photo. Le déroulement du procès pourra être relaté, mais avec des pseudonymes.

Au fur et à mesure de mes entretiens avec l'avocate, je me prépare doucement à l'idée d'assister au procès et la pression monte de plus belle. On approche de l'échéance. Maître R. a réussi à me convaincre de témoigner. Elle m'assure, comme la plupart de mes proches le font, que généralement, les victimes se portent beaucoup mieux après le procès si elles y assistent. Ceci pour diverses raisons. D'une part, elles peuvent ainsi affronter leur agresseur sans crainte, tout du moins dans un environnement protégé, et cela leur redonne un peu confiance en elles. C'est déjà un grand pas. D'autre part, elles n'éprouvent plus ce sentiment d'impunité intolérable une fois le verdict prononcé. Elles ont également moins peur de vivre en sachant le coupable enfermé pour un certain temps. Il paraît que le procès a très souvent un rôle thérapeutique, un peu comme si, après celui-ci, les victimes pouvaient faire le deuil de leur agression et recommencer ainsi une nouvelle vie.

Voilà en substance les propos que je rapporte à mes parents à l'occasion d'une de mes visites. Ils sont effrayés de me voir affronter cette audience et se montrent réticents.

– Tu es vraiment certaine que tu dois y assister ? Ce sera très difficile. Il n'y a pas d'autres moyens ?

– Non, je vous assure, c'est ce qu'il y a de mieux à faire. Si on veut le voir condamné…

Finalement, tout comme moi, ils se laissent guider avec sagesse par les recommandations de maître R. Après tout, l'avocate a de l'expérience dans ce domaine, autant lui faire confiance. Une chose est certaine, mes parents seront présents, ainsi que Pascal, le jour venu.

À mon travail, aucun de mes collègues n'imagine ce qui m'attend dans les semaines à venir. Je ne laisse rien paraître. En tous les cas, je ne dis rien. Seuls mes patrons sont informés de mon absence prochaine durant deux jours. Ils en connaissent la raison. Ils sont compréhensifs.

Quelques semaines après le premier anniversaire de ma fille, pendant notre pause déjeuner à la maison, je vais chercher mon courrier à la boîte aux lettres, comme chaque midi. Je tombe alors sur l'avis de passage d'un huissier. Il s'est présenté à la maison le matin alors que Pascal et moi étions au travail. Le petit papier que je tiens entre les mains mentionne que je dois passer en personne et au plus vite à son étude retirer un courrier. Je présage le pire. Ou le soulagement, peut-être. Je ne sais plus. Cela doit concerner le procès à venir. Je ne peux rien avaler. On s'interroge. Dès 14 heures, Pascal m'accompagne chez l'huissier. J'ouvre l'enveloppe dans la rue. Nos cœurs battent la chamade, mes doigts tremblent. Ça y est. J'ai lu. Pascal a lu par-dessus mon épaule, les bras autour de ma taille, sa joue contre la mienne. Il s'agit bien d'une citation à comparaître en partie civile, devant la cour d'assises. Je connaissais déjà la date, mais le fait de tenir entre mes mains cette convocation m'affole. Je réalise soudain qu'il ne reste que trois semaines. Pascal semble extrêmement remué, mais il me rassure.

– Voilà, on y est, ma chérie. Ouah ! Tout ira bien, je serai là, avec toi.

Les jours passent, avec très peu de sommeil, un nœud permanent à l'estomac, et des kilos qui fondent à vue d'œil. Nous ne vivons plus. Notre seule bouffée d'air est notre fille. Elle a tout juste un an et s'essaie à ses tout premiers pas, accrochée à nos mains. Je me sens alors indispensable. Elle tient désormais son biberon seule, elle babille, elle est très éveillée. Heureusement qu'elle est là car à la maison, nous ne faisons que parler du procès, qui doit durer deux jours complets. Dans trois semaines, je vais le revoir…

Afin que je me familiarise avec les lieux, et sur les conseils de mon avocat, nous prenons la route un week-end avec Pascal pour visiter le palais de justice. Je connais déjà l'édifice, pour être souvent passée devant quand j'étais étudiante. Bâtiment imposant, impressionnant, intimidant, comme la plupart des palais de justice, je suppose. Je repère les lieux. La salle d'audience de la cour d'assises est verrouillée. Je ne pourrai donc pas en savoir plus.

Finalement, le procès aura lieu trois ans après mon agression, et deux années après l'arrestation. Vivement que tout soit terminé, fini, qu'on l'enferme à vie et qu'on n'en parle plus. Je ne souhaite qu'une chose maintenant, la perpétuité. Après tout, c'est le minimum qu'on puisse lui accorder pour avoir abusé d'au moins dix jeunes femmes.

Encore un peu de patience. Bientôt, tout le monde sera fixé.

12

Premier jour du procès

Avril 1999, mardi

Mardi. Premier jour du procès. Ce matin-là, je me lève rapidement et mécaniquement, un peu abrutie par les somnifères et la nuit trop courte. Je me sens nauséeuse. Il est 5 heures. J'ouvre les volets de ma chambre. Il va faire beau, mais froid. Drôle de journée. Malgré les efforts de Pascal et de mes parents qui sont venus nous rejoindre, l'atmosphère reste tendue, pesante. J'enfile les vêtements que j'ai préparés la veille avec soin. Mon avocate m'a recommandé d'être naturelle, ni sur mon trente et un, ni négligée, encore moins exubérante, ce qui n'est absolument pas mon style de toute façon. L'apparence des victimes joue un rôle important aux yeux des juges et des jurés. Elles sont vite cataloguées. J'ai donc opté pour un simple jean et un tee-shirt uni avec une veste sombre, discrète. Ma famille insiste pour que je prenne des forces en avalant un copieux petit-déjeuner. Difficile, mais plus raisonnable pour mieux surmonter cette journée qui me paraît une montagne infranchissable. Pendant ce temps, Maman s'est occupée de notre fille, l'a habillée, puis lui a donné son biberon. Je la serre très fort dans mes bras avant que Pascal ne l'emmène chez la nourrice. Ce matin, j'ai le cœur fendu de la regarder, si innocente. Elle me scrute avec ses beaux yeux bleus, me sourit. J'envie sa candeur.

Puis nous montons dans la voiture de Papa qui conduit, Pascal à ses côtés. Maman s'installe à l'arrière, avec moi. Nous avons un long trajet à faire, mais nous avons prévu large. L'audience est prévue à 9 h 30. Je vois Papa dans le rétroviseur, il se concentre sur sa route. Pascal se retourne de temps à autre pour m'encourager du regard. Je sens une boule monter dans mon ventre et dans ma gorge. Je ne parviens plus à articuler un seul mot et ravale mes larmes. Il ne faut pas que je pleure, c'est essentiel pour moi. Pascal et mes parents essaient tant bien que mal de discuter de choses et d'autres. Mais je suis comme absente, dans un autre monde, dédoublée. Ce n'est pas moi qui vais le voir, qui vais témoigner, déballer toutes ces obscénités à la barre. Il est à peine 9 heures quand nous entrons dans la ville, avec finalement une bonne demi-heure d'avance. Papa gare la voiture près du palais de justice.

Nous avons rendez-vous avec l'avocate, dans la salle des pas perdus. Mes jambes sont lourdes et ne me portent presque plus. Pascal et moi connaissons les lieux pour y être déjà venus en repérage. Pour mes parents, c'est un univers nouveau qui s'offre à eux. Nous sommes tous les quatre extrêmement stressés et nous nous avançons, maladroitement.

Plusieurs jeunes femmes sont déjà présentes, accompagnées certainement par des amis ou de la famille. La première que je remarque est brune, aux cheveux courts, à peu près mon âge. Elle porte des lunettes sur un visage rond. Une autre, extrêmement maigre, a les cheveux très colorés, roux. Elle paraît très perturbée et fume cigarette sur cigarette. Pas un mot. Regards discrets. On ne se connaît pas, mais on devine, on comprend, on ressent. Je réalise alors que je ne suis pas la seule. Cela me rassure et m'effraie en même temps. Ainsi, toutes ces autres jeunes femmes ont subi les mêmes horreurs, les mêmes peurs, la même humiliation et présentent probablement les mêmes séquelles. Croiser leurs regards me met terriblement mal à l'aise. J'ai surtout peur de craquer. Mes dernières forces me quittent peu à peu.

L'avocate n'en finit pas d'arriver, l'attente est interminable. Nous faisons les cent pas. Je vais aux toilettes avec Maman. Nous nous parlons peu. Enfin, maître R. fait son apparition. Vêtue d'un tailleur-pantalon sombre, elle tient d'une main son cartable et d'épais dossiers sont calés sous son bras. Sur son autre bras est posée sa robe noire, qu'elle enfilera pour l'audience. Elle salue chacune des filles, se présente aux familles et nous prodigue les dernières recommandations. Nous devons nous montrer claires, précises, sans agressivité ni tabou. Facile à dire pour elle. D'après ce que je sais, une bonne partie de la journée sera consacrée à la vie de l'accusé. Qu'est-ce qu'on s'en fout de sa vie, à cet enfoiré !

Il est 9 h 25. C'est l'heure, il faut y aller. Nous sommes fouillés et nos identités sont vérifiées avant d'entrer dans la salle d'audience. Encore une fois, j'ai envie de crier que ce n'est pas moi la coupable. À quoi bon ? Après tout, ce policier a peut-être raison. Et si j'avais le culot d'amener une arme pour buter le violeur… Nous entrons dans la salle. Mon cœur bat la chamade, mes jambes deviennent coton et mes tremblements reprennent de plus belle. Une fois franchie la lourde et haute porte de bois, je découvre une très grande salle tapissée de couleur bleu-vert avec des fleurs de lys orangées. En face de moi, les fauteuils rouges des jurés et du juge sont disposés en arc de cercle. Des micros sont installés sur chaque bureau. Au centre, se tient la barre où je vais témoigner. Un frisson me parcourt le dos. Entre l'entrée et cette fichue barre, de nombreux sièges sont disposés de part et d'autre d'une allée. Pour le public. Je suis très impressionnée. Je lève alors les yeux et découvre un plafond magnifiquement décoré. Quand je pense à toutes les horreurs dont ces murs ont dû être les témoins silencieux…

Je quitte les miens qui s'assoient face aux jurés, pour gagner le côté gauche de la salle, réservée à la partie civile. Ils sont trois avocats pour dix victimes. Il y a deux rangées de bancs, je prends place à l'arrière. Face à moi, se trouve le box des accusés, encore vide. Des chuchotements parcourent la salle, les derniers mots de réconfort des avocats à leurs clientes. J'ai l'impression d'être dans une de ces séries policières diffusées à outrance à la télévision. Une sensation de lieu vaguement familier, mais qui prend une tout autre ampleur quand on s'y trouve… Le président annonce qu'*il* arrive. Le fourgon doit se garer dans la cour. Un silence de plomb s'est à présent abattu dans la pièce.

Puis il apparaît, menottes aux poignets, encadré par deux policiers. L'espace de quelques secondes, je revois et revis le drame, tandis que ma famille découvre l'individu, le monstre. Depuis le temps qu'ils se demandent tous à quoi il peut bien ressembler, voilà, c'est fait. Le voici, ce criminel qui a fait tant de mal. Un homme au physique finalement banal, comme on peut en croiser tous les jours. Je le trouve changé. Il est rasé et porte des lunettes. En étant objective, ce qui est dans le cas présent impossible, je dirais qu'en d'autres circonstances, j'aurais pu lui parler, le rencontrer sans crainte. C'est d'ailleurs exactement ce qui s'est passé, ce fameux soir où il a frappé à ma porte. Voilà qui est le plus effrayant. On a tous des préjugés, des clichés, sur les gens abordables ou pas abordables, ceux qui font « louche » ou « négligé » et ceux qui présentent bien. Tout cela est faux, un leurre ridicule… Il entre dans son box, comme un chien qui vient de faire une grosse bêtise, tête basse, yeux rivés au sol, honteux, mal à l'aise. Heureusement qu'il a honte. Il faut qu'il sache ce que c'est que d'être humilié, rabaissé plus bas que terre, jugé, scruté comme une chose. C'est plus fort que moi, je le regarde rapidement puis baisse les yeux. Je ne pourrai jamais supporter sa présence deux jours en face de moi. Cela me semble tout à coup insurmontable.

Le président commence à effectuer le choix des jurés. Ils sont douze au total. Trois juges professionnels – le président et deux assesseurs –, puis neuf citoyens tirés au sort parmi la quinzaine convoquée ce jour. Jusqu'à leur acceptation par le substitut du procureur et l'avocat de la défense, ils ne savent rien de l'affaire. Ils ne savent pas pourquoi ils sont là. À la demande du substitut du procureur, une parité entre hommes et femmes sera respectée dans la constitution du jury. Leurs noms résonnent et le « refusé » ou « accepté » claque dans l'immensité de la salle silencieuse. L'un des critères de révocation est la profession du juré. Ce dernier ne peut pas être fonctionnaire d'État, ni membre du Gouvernement, du corps préfectoral ou encore gendarme. Autre critère, le juré ne doit en aucun cas avoir un lien de parenté avec l'accusé, un autre membre du jury ou l'un des magistrats présents. Ces personnes désignées devront s'imprégner de nos histoires pendant deux jours. Il va falloir les convaincre de la responsabilité de l'agresseur et de notre innocence à nous, victimes. Ces jurés sauront-ils être sensibles, justes, compréhensifs ? Ne vont-ils pas trouver des circonstances atténuantes à l'accusé ? J'espère de toutes mes forces que non. De leur jugement, de leur « conviction intime » dépend mon avenir. Et j'ai le sentiment que c'est à moi de le leur prouver. Il va me falloir être très courageuse. Devant la barre sont exposées, sous une vitrine, les diverses pièces à conviction qui ont été retrouvées lors de l'enquête chez chacune des victimes. Un mégot de cigarette, un couteau, un cutter ou encore un tournevis. Parmi ces objets, ma taie d'oreiller. Ces différents objets ravivent d'affreux souvenirs pour chacune d'entre nous. Mes parents ont également beaucoup de mal à regarder ces objets abjects.

Le procès commence enfin. Cette première journée sera consacrée à l'accusé seul, la seconde, aux victimes présentes. Je vais donc en savoir plus sur celui qui a brutalement fichu ma vie en l'air.

Le juge débute donc la présentation de mon violeur. Il a deux ans de plus que moi. Des sœurs. Un père alcoolique. Il a grandi dans la région. À son adolescence, ses parents se séparent et il part vivre avec sa mère, avec laquelle il entretient une relation tumultueuse. Il a peu de contact avec son père qui, en quelques années, se clochardise. Entre-temps, l'accusé, titulaire d'un CAP, travaille comme ouvrier. Le père et le fils se revoient un peu plus. Le père tombe malade puis décède. L'accusé se remet très mal de ce décès, qui intervient environ six mois avant mon agression. Ses différents patrons le décrivent comme un employé courageux, disponible, poli… C'est un manuel. Sur le plan sentimental, il a eu quelques aventures avec des femmes, avec lesquelles il était doux et attentif.

Après cette brève présentation, l'accusé passe à la barre. Il a toujours la tête basse, sans jamais oser regarder ses victimes en face. Comme à son arrivée, je parviens, à force de courage, à le dévisager, avec une haine intense dans les yeux, du dégoût, une envie de lui sauter à la gorge, et une très grande frayeur également. Il m'avait fait promettre de ne pas le dénoncer, sans quoi il me tuerait…

– Parlez-nous un peu de votre enfance, lui suggère son avocat.

Et il parle. De son enfance, de la séparation de ses parents, des engueulades à la maison. Quel choc d'entendre sa voix légèrement rauque. Je frissonne. Cette voix, je l'aurais reconnue n'importe où, n'importe quand, d'autant plus que je suis très sensible aux voix en général. Je suis capable de reconnaître immédiatement à la télévision les doublages de tel ou tel acteur dans les séries ou films étrangers.

– Heureusement que chaque enfant de parents séparés ne devient pas un criminel sexuel ! renchérit mon avocate.

– Effectivement. Mais à l'adolescence, cela peut être un traumatisme important, avec des séquelles compliquées, rétorque l'avocat du diable.

S'ensuit alors toute une série de questions-réponses entre les avocats et l'accusé. Une sorte de ping-pong verbal absolument épuisant. Un partout, balle au centre…

Je n'en peux plus. Ce n'est pas le fait qu'il ait eu une jeunesse malheureuse qui est pénible à entendre, mais qu'il ait le droit à la parole, avant nous. Mes compagnes et moi n'avons pas encore dit un seul mot.

Le juge finit par lever son maillet, le laisse retomber et annonce une pause de quinze minutes. Enfin ! Il est déjà 11 heures. J'ai besoin d'air. Besoin des miens. Besoin d'aller aux toilettes. Besoin d'un café. Mes parents et Pascal m'avouent être surpris par son physique. Ils s'attendaient à quelqu'un de différent, de plus « voyou ».

L'audience reprend.

Tout au long de la journée, on assiste à un défilé de témoignages des proches de l'accusé. Son ancien patron, son ex-petite amie, enfin sa famille. Chacun d'entre eux fait l'éloge de cet enfant, ami ou employé modèle. On le décrit comme « gentil avec tout le monde, doux, non violent et affectueux ». Après chaque intervention, l'accusé prend la parole pour donner sa version des faits. Tout au plus lui reproche-t-on quelques erreurs de jeunesse, en l'occurrence quelques petits vols sans grande importance. Je ne supporte pas la vue de la famille de ce type, je n'éprouve que mépris pour son ancienne petite amie. Comment n'a-t-elle pas pu remarquer son déséquilibre sexuel ?

– Mon fils vivait chez moi, à cette époque. Je trouvais qu'il sortait trop souvent le soir, déclare sa mère, intimidée, à la barre.

Ce à quoi le fils répondra qu'au départ, c'était pour commettre des vols dans des appartements, puis, de plus en plus souvent, pour « le sexe ». Selon lui, il s'agissait juste d'actes « à caractère sexuel », qu'il reconnaît avoir commis une douzaine de fois, mais pas des viols. C'est lui qu'il voulait détruire car il se sentait « mal ».

Ma crainte, c'est que les jurés lui accordent des circonstances atténuantes à cause de son père décédé.

En fin de soirée, les deux experts psychiatres et un psychologue passent à la barre pour conclure sur son cas et confirmer qu'il est absolument responsable de ses actes. L'accusé a subi des expertises et contre-expertises, psychologiques et psychiatriques. Il a rencontré pas moins de cinq spécialistes. Ces études psychiatriques n'ont révélé « aucune manifestation psychopathologique résultant de maladie mentale au moment des faits ou évolutive. Il présente des troubles psychosexuels relevant du registre plutôt névrotique ». Il était donc conscient de ses actes, définis comme « pervers » selon les médecins. « Il ne présente pas un état dangereux au sens psychiatrique, mais les faits témoignent d'une dangerosité potentielle du point de vue criminologique du fait de l'aspect compulsif du passage à l'acte. » Quant au psychologue, il avoue ne pas disposer d'éléments suffisants pour conclure définitivement sur la personnalité complexe de l'accusé. Sa conclusion est la suivante : d'une part, il « relève d'un état limite avec un aménagement pervers de sa sexualité » ; d'autre part, en substance, « le regard sur sa mère et la souffrance de voir son père se clochardiser puis mourir a masqué des conflits psychiques antérieurs. Six mois après le début de sa psychothérapie commencée en détention, le psychologue n'avait décelé que peu de progression. En clair, les psychiatres le déclarent dangereux, et le psychologue seulement « limite ». Ils sont juste d'accord sur le fait qu'il était responsable, car non atteint de maladie psychiatrique, au moment des faits. Il ne lui reste plus qu'à assumer le sort qui l'attend. C'est à peu près le seul point positif de cette terrible journée.

Il est un peu plus de 22 heures lorsque le président lève l'audience. Tout le monde est épuisé. La journée est enfin finie. Je n'ai qu'une hâte, rentrer chez moi avec ma famille, me coucher et tenter de dormir un peu. Je salue mon avocate, après avoir échangé quelques mots avec elle. Nous retournons à la voiture sans un mot tous les quatre, la tête farcie de la vie de l'accusé. Vivement demain, qu'on écoute un peu les victimes.

Notre fille reste chez la nourrice, il est trop tard pour la récupérer. Elle est certainement déjà au lit depuis longtemps. Elle sera mieux là-bas, dans une ambiance gaie et sereine. Tant pis, je l'embrasserai demain. Elle me manque. En même temps, je ne me sens pas le courage de m'occuper d'elle ce soir. J'ai presque honte de penser ça…

13

Deuxième et troisième jours du procès

Avril 1999, mercredi et jeudi

Je passe encore une nuit très agitée, la tête imprégnée de tout ce que j'ai entendu lors de ce premier jour. Nous avons peu d'heures pour nous reposer car nous avons choisi de ne pas rester dans la ville maudite, malgré le trajet. Le lendemain matin, je me lève peut-être plus perturbée encore que la veille. Aujourd'hui, c'est *ma* journée. Notre journée, à nous les victimes. Nous allons pouvoir expliquer ce qui s'est passé, expliquer que l'accusé est coupable, cinglé et que nous n'avons rien demandé. Pour cela, il va falloir affronter ce que je redoute le plus : passer à la barre.

9 h 30. L'audience reprend. Pour commencer, le juge annonce que les deux jours initialement prévus ne suffiront pas. Le procès s'étalera donc encore sur deux journées supplémentaires. C'est le coup de massue. Quatre jours au total à supporter cette atmosphère oppressante. J'ai l'impression que je n'y parviendrai pas. Mais après tout, si c'est la seule condition pour qu'il soit jugé et condamné, je suis prête à assumer. De toute manière, je n'ai guère le choix. Il ne me reste plus qu'à informer mon patron que je prends deux jours de congé supplémentaires.

Dans la salle, un léger brouhaha se fait entendre pendant quelques secondes. Le public réagit. On soupire. D'un coup de maillet sur son socle de bois, le juge procède à un efficace rappel au calme. Il annonce l'ordre de passage des victimes à la barre. Je dois passer avant la pause du déjeuner. Finalement, je suis soulagée de passer si rapidement dans la journée.

En fait, les victimes témoignent selon l'ordre chronologique des faits. Les deux jeunes femmes qui passent avant moi ont porté plainte pour exhibitionnisme et tentative d'agression sexuelle. La première avait ouvert sa porte à l'individu pour le renseigner sur le propriétaire de l'immeuble où elle résidait. Il a brandi un cran d'arrêt en la menaçant de mort. L'a contrainte à se déshabiller. Elle lui a dit qu'elle attendait quelqu'un, et il est parti aussitôt, sans l'avoir touchée. Cependant, quelques semaines plus tard, elle l'a croisé sur son palier, et à deux reprises, elle a retrouvé ses fils de téléphone coupés et une de ses fenêtres démastiquée. Elle a juste eu plus de chance que moi. Le scénario de l'agresseur n'était pas encore assez bien rodé. Une heure plus tard, il se présentait chez sa seconde victime, sous le même prétexte, deux fois de suite également, et s'est exhibé ensuite devant une de ses fenêtres qu'il avait lui-même ouverte en se rendant aux toilettes. Je suis la première à avoir été violée. Quel honneur… Les autres ensuite ont subi le même sort.

Après chaque témoignage des victimes, l'accusé est appelé à se lever pour s'expliquer sur les faits. La plupart du temps, il se souvient à peu près des agressions. Puis son avocat intervient, afin de mettre en avant les « circonstances atténuantes ». Les psychologues viennent également à la barre pour livrer leurs conclusions d'expertise de la victime.

Comme la veille, une pause est prévue en milieu de matinée. C'est la dernière occasion pour moi de voir mon mari et mes parents avant de parler face aux jurés. J'ai l'impression que ma vie dépend de ce que je vais dire, maintenant. On m'apaise, on me soutient, et j'entre à nouveau dans l'arène…

Je reprends ma place habituelle, sur la gauche de la salle, au deuxième rang. Je suis dans un état second, un état de concentration intense. J'entends à peine tout ce qui se passe autour de moi. Je me concentre très fort pour trouver la force de ne pas pleurer, la force de pouvoir m'exprimer le plus calmement possible, sans tabou ni agressivité, comme me l'a conseillé l'avocate. Cette dernière est assise devant moi, sur l'autre banc. Elle se retourne pour m'adresser un regard encourageant.

Puis tout à coup, j'entends mon nom résonner dans la salle. Je lève les yeux vers le juge, respire profondément, et réussis, par Dieu sait quel miracle, à poser un pied devant l'autre. Un exploit, ça marche, je marche. Je ne réfléchis plus mais parviens à avancer, puis à poser les deux mains sur cette barre que mon agresseur a également touchée. Cela me répugne, mais je ne peux pas tenir debout sans cette foutue barre. Mon cœur bat la chamade, je suis persuadée que toute la salle l'entend taper dans ma poitrine. Mes jambes ne sont même plus de coton, je n'ai pas de terme pour désigner ces deux bâtons pris de tremblements violents, que tout le monde doit remarquer. Impossible à cacher. Mon corps tout entier frémit, mes dents claquent. J'ai l'impression furtive que mon sang glisse tout le long de mon corps, du visage jusqu'aux orteils, en ne laissant sur son passage qu'une traînée glacée.

Je dois commencer par lever la main droite, en jurant que je dirai toute la vérité, rien que la vérité. Là-dessus, pas de problème, j'ai bien l'intention de tout balancer. Pas de cadeau pour ce criminel.

– Veuillez maintenant, s'il vous plaît, nous rappeler les faits, les circonstances dans lesquelles s'est déroulée l'agression, me demande le juge.

Le moment tellement redouté est arrivé, je dois y faire face, plus question de reculer. Les mots vont-ils pouvoir sortir de ma gorge, de ma bouche desséchée ? Le silence est pesant. Face à moi, ce juge impressionnant et les jurés m'observent, en attendant une réponse. À droite, le coupable de toute cette horreur, à gauche, les autres victimes, déjà bouleversées par leur propre histoire, qui redoutent d'en entendre une autre à peu près identique. Le pire est dans mon dos. L'assistance, avec Papa, Maman et Pascal. Que pensent-ils, à cet instant précis ? Ils doivent souffrir terriblement, peut-être plus que jamais encore.

Je commence alors à parler, en essayant de maîtriser au mieux le tremblement de ma voix. Ce n'est évidemment pas chose facile. Je raconte comment l'individu est entré chez moi ce soir-là, mais ensuite, j'ai beaucoup de difficultés à continuer. Comment trouver les mots justes et percutants ? Mon avocate vient alors à ma rescousse et me pose des questions directes, pour que je puisse continuer à m'exprimer. Un peu comme l'avaient fait les policiers, lors du dépôt de plainte.

– Vous a-t-il forcée à vous déshabiller ?

– Oui.

– Vous menaçait-il toujours de son couteau ?

– Oui.

– Vous a-t-il touchée ?

– Oui…

– Pouvez-vous nous expliquer avec plus de précision ce qui s'est passé ensuite ?

– Oui, bien sûr.

Etc., etc.

J'en veux à maître R. de me demander tous ces détails, de me forcer à tout déballer devant mes parents. Je pense à eux. J'ai terriblement honte. Mais je comprends le message. Elle m'aide. Elle m'incite à tout dévoiler des horreurs que ce salaud m'a fait subir. Il le faut. C'est difficile. Je m'exécute sans trop réfléchir.

Pendant toute la durée de mon témoignage, je focalise mon attention sur cette petite barre de bois, que j'agrippe de mes mains moites. Je l'examine. Elle devient mon alliée, mon soutien durant ces interminables minutes.

Ma déclaration se termine enfin. Je suis toujours dans un état second. C'est maintenant au tour de l'accusé de s'exprimer. Il se lève dans son box. Le juge lui demande s'il reconnaît les faits, s'il se souvient de moi et s'il confirme ma version.

Le monstre confirme mes dires dans les grandes lignes. Au fur et à mesure de son témoignage, j'apprends qu'il connaissait déjà l'endroit où j'habitais, pour y avoir commis des vols quelque temps auparavant. Ce n'était donc pas complètement au hasard qu'il m'avait choisie. Il savait qu'à cet endroit, au fond de la cour, il n'y avait guère de passage. Il lui avait donc été plus facile de repérer les lieux. Afin de m'observer, moi, sa proie, et bien que les rideaux aient été tirés, il avait escaladé le mur d'en face.

Ce qui prouve bien que tout était calculé, pensé, prémédité. Il m'assène ensuite un nouveau coup de massue.

– Je l'avais déjà repérée, et je savais qu'elle vivait seule, avoue-t-il calmement. Je savais que je viendrais chez elle un jour. Mais je n'avais pas prémédité ce soir-là en particulier. Plus tôt dans la soirée, j'étais juste sorti prendre l'air. C'est seulement en chemin qu'une pulsion m'a saisi. Je suis allé dans sa cour et me souviens l'avoir observée à travers ses rideaux.

Je me sens blêmir de savoir que j'ai été épiée, étudiée, choisie, en quelque sorte. Mon sort était manifestement programmé sans que je ne m'en sois rendu compte. Il savait qu'il me ferait du mal et pendant ce temps, je continuais à vivre tout à fait normalement. J'ai beaucoup de difficulté à assimiler cela. Quelque chose m'a échappé, quelque chose que je n'ai pas pu maîtriser. Il est vrai qu'on ne peut pas tout contrôler dans la vie, mais il est inconcevable pour moi d'accepter que quelqu'un ait pu programmer ma perte, ma déchéance, voire ma mort. J'étais traquée.

L'accusé précise aussi que tout a failli mal tourner pour lui car j'attendais quelqu'un d'autre. Ensuite seulement, sa mémoire se brouille, comme par hasard…

– Je ne me souviens plus très bien de la suite. Je me rappelle seulement que c'est le premier truc grave que je faisais. C'est ce que je me suis dit après coup. Ça commençait à devenir malsain.

Je crois tomber à la renverse en entendant ces horreurs. Un « truc » grave ! Malsain. Voilà ce que je représente pour lui. Je préférerais mourir plutôt que d'entendre ça… Il ne se souvient donc pas de tous les détails. Ces détails qui me marqueront, moi, à tout jamais. J'ai envie de lui cracher à la figure.

Et là, coup de théâtre. Il se met soudain à pleurer.

– Pardon, je vous demande pardon, me demande-t-il en se prenant la tête dans les mains.

Il pleure, des larmes coulent sur son visage. Il a la tête baissée. Renifle. Est-ce une mise en scène de sa part pour que le jury s'apitoie sur son sort ? Je ne sais pas.

Je suis horrifiée et me cramponne à la barre. Je ne sais pas si l'assemblée réagit. Moi, je n'entends plus rien. Mes oreilles bourdonnent. Mon cerveau va éclater. Je crois qu'on attend une réaction de ma part. Ou rien, peut-être. J'avais imaginé tout un tas de choses ou de réactions de sa part, mais pas ça. Jamais je n'avais songé à l'éventualité du pardon. J'ai presque envie de vomir. Mon estomac est dans le même état qu'un champ de mines après une explosion. Je lui jette un regard à la fois stupéfait, plein de haine et de dégoût. Il relève ses yeux de sale chien battu vers moi. Je parviens à soutenir son regard tordu quelques secondes, puis je trouve le courage de lui répondre, comme pour lui seul :

– C'est trop tard. Le mal est fait.

Ma voix est blanche. Ma bouche déformée. Je n'ai jamais craché autant de haine avec une telle assurance.

Puis je baisse enfin les yeux.

Il ose prétendre pouvoir pleurer devant moi, sa victime. Il intervertit complètement les rôles. Que cherche-t-il ? Je le vois pour la deuxième fois et pour la deuxième fois, il pleure. Il avait déjà agi de la sorte le soir du viol, lorsqu'il avait versé des larmes juste avant de partir. Quoi qu'il fasse, quoi qu'il se passe, je ne lui donnerai jamais l'absolution. Je ne veux plus le voir, je ne veux plus en entendre parler. Que tout cela finisse, le plus rapidement possible. De toute façon, « mon tour est passé » et je n'ai plus le droit à la parole.

Je retourne m'asseoir sur le banc de la partie civile, chancelante. Je ne suis plus qu'un bloc de chair tendue. Mes muscles me brûlent. Cette fois, je ne peux vraiment plus lutter, mes larmes débordent de mes yeux et coulent, sans sanglot, laissant sur mes joues des sillons mouillés. Je jette un regard fugace à ma famille. J'aperçois Pascal avec un visage que je ne lui connais pas. Il pleure. Maman aussi. Je ne vois pas bien Papa. Il me semble que son visage est également défait, blanc comme un linge.

Je reprends difficilement ma respiration.

Le psychologue de Dijon est maintenant à la barre pour donner ses conclusions sur mon expertise.

J'étais la dernière de la matinée à passer. L'audience est suspendue le temps du déjeuner. Mes parents et Pascal tentent de me réconforter en me disant que j'ai réussi le plus difficile en passant à la barre. Que peuvent-ils ajouter de plus, après avoir entendu tous ces détails sordides ? Rien.

Quant à moi, je suis soulagée d'avoir enfin témoigné. Malgré la honte éprouvée, je suis fière de moi, fière d'avoir réussi à parler devant tout le monde. Je m'en étais pourtant crue incapable. Je me sens surtout digne d'avoir réussi ce difficile combat. J'éprouve une sensation de victoire, autant sur moi-même que sur mon bourreau. De tout cela ressortent un point positif et une leçon que je retiendrai pour l'avenir. Les pires drames de la vie conduisent parfois à se dépasser et à découvrir en soi des forces insoupçonnées.

Le procès reprend en début d'après-midi, avec les autres victimes qui sont appelées à la barre. Ce qui me glace en écoutant tous ces témoignages est la préméditation implacable qu'il y avait derrière les agressions. Les victimes avaient toutes des points communs. Jeunes, souvent étudiantes, presque la même taille, plutôt jolies, minces et surtout vivant seules, en centre-ville, dans des quartiers relativement proches les uns des autres. Lorsque le président de la cour apporte ces précisions, je sens des frissons me parcourir le dos. L'agresseur connaissait toujours parfaitement les lieux avant les agressions, pour y être venu en repérage, parfois jusqu'à un ou deux mois auparavant. Il savait quelle fenêtre donnait où. Il savait trouver les fils de téléphone pour les sectionner. Parfois même, il avait déjà parlé à ses futures victimes, de façon tout à fait naturelle, ce qui bien entendu n'éveillait pas leurs soupçons. Il était diabolique.

Ces éléments vont me traumatiser longtemps par la suite. Outre le viol, qui me rend évidemment méfiante envers tous les hommes, j'aurai toujours la sensation d'être suivie où que j'aille et observée quoi que je fasse. Je suis la première à reconnaître que pendant bon nombre d'années, j'ai eu constamment des yeux dans le dos.

C'est terrible à entendre pour moi, car chaque récit me ramène brutalement à ma propre expérience. Ce doit être le cas pour chacune des filles. Comprendre au-delà des mots la souffrance et la détresse des autres est un sentiment tout à fait particulier, que nous partageons toutes. Nous ressentons probablement toutes beaucoup d'empathie et d'émotion les unes envers les autres. Pourtant, en dehors de la salle d'audience, lors des diverses pauses de la journée, aucune d'entre nous n'ose aborder les autres. Moi la première, je suis parfaitement incapable d'échanger le moindre mot avec l'une d'elles. Pour dire quoi ? Nous ne nous connaissons pas, et il n'est pas dit d'ailleurs que nous nous entendrions. Nous avons un seul point commun, une affreuse cicatrice laissée par le même individu. Et si nous sommes là réunies aujourd'hui, c'est dans un unique but, le voir puni pour ses actes.

Ce soir-là aussi, l'audience se termine tard. Mes parents décident de retourner à Cherbourg dès le lendemain matin. Ils tenaient à être présents lors de mon témoignage pour me soutenir, c'est chose faite. La journée a été particulièrement éprouvante pour eux. Rester pour entendre d'autres horreurs ne leur semble pas supportable. Avec Pascal, nous comprenons tout à fait leur réaction. Un témoignage nous a tous particulièrement marqués cet après-midi.

Une jeune victime était vierge au moment des faits.

Toute l'horreur réside dans cette simple révélation.

Troisième jour. Pascal et moi nous rendons seuls au tribunal. C'est de plus en plus difficile, la fatigue se fait ressentir de plus belle, et l'anxiété permanente devient compliquée à maîtriser. Puis toujours et toujours ces détails affreux à écouter. Comme le président l'a mentionné au début du procès, les témoignages sont présentés par ordre chronologique des faits. Il se trouve qu'au fur et à mesure, le violeur agissait de manière de plus en plus perverse. En douze mois précisément, il a agressé dix filles, en commençant par de l'exhibitionnisme, pour terminer par des viols d'une violence inouïe. L'évolution des attaques est absolument effroyable et aurait pu laisser présager le pire s'il était resté libre. Serait-il allé jusqu'à mettre à exécution ses menaces de mort ? Chacun est en droit de se poser la question. Je suis effrayée d'entendre qu'une des victimes résidait dans la même rue que celle où j'habitais l'année précédant mon agression. Cette rue que mes parents jugeaient mal famée et m'avaient conseillé de quitter. Toutes les agressions ont eu lieu autour de mon domicile et l'accusé agissait dans un périmètre minuscule. Il se trouve que je vivais là…

Le coup de grâce m'est porté par l'agresseur lui-même, ce matin-là. Lors du témoignage d'une des victimes, son avocat lui soutire le maximum d'informations sur les détails de l'agression, dans le but de bien faire comprendre aux jurés la détermination de l'accusé. Quand c'est au tour de ce dernier de s'exprimer sur ce cas, il se montre exaspéré, presque énervé. Je suis dégoûtée. Il n'en a rien à foutre. Il est pressé d'en finir. Mais nous aussi ! Pour qui se prend-il ?

Le midi, Pascal me propose de ne pas revenir l'après-midi et de retourner à la maison pour essayer de me détendre un peu. Maître R. a précisé qu'il ne nous était pas indispensable d'assister à tous les témoignages. Nous sommes tous les deux à bout de forces. Nous ne reviendrons donc que le lendemain, pour les conclusions et le verdict. Arrivés à la maison, nous récupérons notre fille chez la nourrice. Elle est ma vie. Rien que pour elle, j'ai envie de me battre. Pourtant, Dieu sait si j'ai aussi envie de baisser les bras. Mais elle est là. Ma fille est ma petite force. Cet après-midi-là, nous ne faisons rien de spécial. J'essaie de me reposer mais n'y parviens pas. Je préfère regarder ma fille vivre et s'amuser avec sa petite chienne Chipie. Courir dans son trotteur. Boire goulûment son biberon de lait. Écarquiller ses grands yeux devant n'importe quoi. C'est beau, l'enfance. J'aurais voulu ne jamais devenir adulte.

Dans la journée, mes parents m'appellent. Ils feront la route pour nous retrouver le lendemain au tribunal et assister au fameux verdict.

– On ne peut pas vous laisser seuls ce jour-là, c'est trop important. Nous n'avions pas bien réfléchi, mais nous voulons absolument être présents à vos côtés, m'annonce Maman au téléphone.

– Merci, Maman. C'est vrai que je préférerais aussi que vous soyez là.

Une seule question occupe mon esprit et m'obsède. Combien d'années va-t-il prendre ? L'avocate me dit que la peine peut aller jusqu'à vingt années de prison. C'est pour moi la sanction minimum, et c'est en tout cas ce que je désire plus que tout. Pendant ce temps-là, je pourrai vivre en paix, sans crainte de le revoir. Peut-être que je vivrai mieux, que je pourrai « faire mon deuil » de ce qui s'est passé, être enfin capable de me reconstruire, de passer à autre chose.

Pour le moment, ce n'est absolument pas le cas et il est vraiment temps que ce procès se termine. L'état de tension devient difficile à supporter. Pascal est dans le même état que moi, mais il arrive tout de même à me soutenir. Je ne sais pas comment. Il est là. Toujours là. Je ne réfléchis à rien d'autre qu'à la sentence, mon corps et mon esprit me font mal. Je suis lourde et fatiguée. Demain, le cauchemar sera fini pour de bon. C'est la dernière fois que je le verrai. Enfin. La fin.

14

Le verdict

Avril 1999, vendredi

Vendredi. Quatrième et dernier jour du procès. Le terme et le commencement. Aussi bien pour l'inculpé que pour ses victimes.

Le stress que je ressens aujourd'hui n'a rien à voir avec celui que j'ai éprouvé le jour où j'ai dû témoigner. Avons-nous réussi à convaincre les jurés du danger que représente cet individu pour la société ? Prendront-ils nos souffrances en considération ? Ont-ils réellement conscience de tout ce qu'a détruit ce pervers ?

La matinée est consacrée aux plaidoiries des trois avocats des parties civiles. Ceux-ci rappellent que nous n'étions pas consentantes. Que nous avons été piégées. Que nous vivons avec des traumatismes importants qui influent et influeront encore longtemps sur nos vies.

Ensuite, le substitut du procureur prononce un réquisitoire implacable dans lequel il n'accorde pas de circonstances atténuantes à l'agresseur. Certes, ce dernier souffre de troubles psychosexuels pour agir de la sorte, mais en aucun cas d'autres troubles de la personnalité, ni d'altération du discernement. Ce qui signifie qu'il a donc voulu, désiré, tout ce qui s'est passé. S'il avait été jugé irresponsable par la cour, il aurait été acquitté, car déclaré incapable d'avoir une intention criminelle. Or ce n'est pas le cas ici. Rien que la préméditation en est une preuve. Passer des heures à épier ses proies ou se rendre chez elles à plusieurs reprises afin de trouver le bon moment pour les attaquer est calculé, réfléchi.

Le substitut précise que les traces indélébiles laissées par ces agissements marqueront l'affectivité de ses victimes durant toute leur vie. Puis il ajoute que certaines des agressions, dont la mienne, ont duré près d'une heure. Interminable… En outre, l'accusé a créé une véritable psychose sur la ville.

En conclusion, il demande aux jurés de sanctionner l'accusé avec beaucoup de fermeté et requiert une peine se situant entre quinze et dix-huit ans d'incarcération.

La plus longue plaidoirie est prononcée par l'avocat de la défense. Selon lui, il ne sert à rien de condamner lourdement son client, car « il est préférable de privilégier l'espoir au désespoir, ainsi que des soins adaptés ». Il précise ensuite aux jurés que son client a demandé pardon et qu'il se conduit bien en prison. C'est même un prisonnier modèle, obéissant. Il ne faut pas oublier qu'il a déjà fait deux années de préventive, qui lui ont laissé le temps de réfléchir à ses agissements et de prendre conscience qu'il s'était mal conduit. Il nous rappelle son enfance difficile, qui aurait des circonstances atténuantes sur ses actes. La mésentente entre ses parents. Leur séparation. L'alcoolisme et la clochardisation de son père. Son décès. La relation avec sa mère.

– De plus, un violeur est très mal considéré par les autres prisonniers et subit généralement des humiliations assez sordides, plaide-t-il en faveur de son client.

L'accusé passe une dernière fois à la barre. Le juge lui demande s'il a quelque chose à ajouter à tout cela. Il prend la parole, d'une voix penaude et sourde. Il reconnaît les faits et demande à bénéficier de soins chimiques.

La castration chimique, très coûteuse, consiste à prendre un médicament de façon régulière, et surtout sans omission. Ce médicament agit sur les organes sexuels en abaissant le taux de testostérone, et donc la libido. À l'époque, il est administré dans quelques pays, dont le Canada, aux criminels sexuels récidivistes. Mais la prise de ce médicament n'est pas irréversible. L'effet d'inhibition s'annulant en fin de traitement, l'efficacité du procédé repose sur le long cours.

Mon esprit fonctionne à toute vitesse. De deux choses l'une. Soit il se sait dangereux. Soit il agit sur consigne de son avocat pour bien montrer qu'il est prêt à faire des efforts pour se soigner…

Le juge lui répond que la castration chimique n'est pas pratiquée en France[2]. Tant mieux, car à mes yeux, cela ne suffit pas.

Il est midi, et les jurés bénéficient de trois heures pour délibérer en leur âme et conscience sur ces conclusions. Une vingtaine de questions précises leur sont posées, auxquelles ils vont répondre le plus justement et objectivement possible.

Leur première question me concerne : *« Reconnaissez-vous coupable, M. X (…) en tout cas depuis temps non*

---

2 C'est la loi du 12 janvier 2005 qui a expressément autorisé la castration chimique, même si avant, en pratique, un tel traitement était possible au titre du suivi socio-judiciaire des délinquants sexuels instauré par la loi du 18 juin 1998 (applicable en France depuis le 18 juin 1998).

prescrit, d'avoir commis sur la personne de Céline (…) un acte de pénétration sexuelle, de quelque nature qu'il soit (…) »

Question n° 2 : « *Avec cette circonstance que les faits du viol ci-dessus spécifié à la question n° 1 ont été commis sous la menace d'une arme.* »

Et ainsi de suite pour chacune des agressions.

Comment rester objectif dans ce genre de situation ? Sachant que de leur décision résulteront des espoirs de reconstruction et des pages de vie tournées chez la plupart des victimes ? Au final, je n'aimerais vraiment pas être à leur place…

Jamais personne, lors de ce procès, n'a pris la peine de me proposer une aide psychologique, ni aux autres victimes, d'ailleurs. À nous de nous débrouiller avec notre souffrance, de faire avec et de continuer. Pourtant, le psychologue a bien rappelé que ma personnalité est désormais fragilisée, que je vis dans un état de stress post-traumatique, que je connaîtrai longtemps des épisodes dépressifs, que des phobies se sont installées et que ma vie future restera perturbée. Rien que ça.

L'accusé, lui, peut bénéficier d'une thérapie, à condition qu'il en fasse la demande – rien n'est obligatoire – et de diverses activités en prison. Le monstre aime dessiner. On le laisse dessiner. D'ailleurs, il passe la plupart de son temps à ça en prison. Quel artiste ! Il aime bricoler. On le laisse bricoler.

Il paraît que la vie en prison est très difficile. Je n'en doute pas, même si pour moi, purger sa peine entre quatre murs ne soignera jamais ce genre d'individu.

Sans doute n'ai-je aucun espoir quant à la vertu curative de la prison, mais c'est comme ça, et je l'assume.

Les débats sont désormais clos et l'audience est levée pour les délibérations. L'heure du verdict est fixée trois heures plus tard. Pause déjeuner.

Accompagnée de mes parents et de Pascal, je retrouve mon frère Sylvain et sa petite amie Aurore, qui ont tenu à être là pour l'énoncé du verdict. Nous déjeunons dans un restaurant proche du tribunal. Je suis profondément touchée de les voir se joindre à nous pour me soutenir dans cette terrible épreuve. L'appétit n'est pas au rendez-vous, tout comme ces derniers jours, mais cette fois, l'angoisse est réellement différente. Combien va-t-il prendre ? Cette question m'obsède. Je suis à fleur de peau. Je commande une viande à point. Elle arrive saignante. Je peste contre le serveur, ce qui n'est pas dans mes habitudes. Il ramène le plat en cuisine. Finalement, je n'avale pratiquement rien. Mon estomac est trop noué pour ça. Je préfère me doper au café.

14 h 30. J'arrive au palais de justice, le cœur battant. Autour de moi, je sens une effervescence inhabituelle. Effectivement, en pénétrant dans le hall, je vois beaucoup de monde. Des badauds, des curieux, et surtout des journalistes. Si le huis clos partiel interdit d'assister au procès, la décision est toujours rendue en audience publique. Ce procès fait pas mal parler de lui depuis quatre jours, et la curiosité humaine est somme toute légitime, même si parfois, elle est malsaine. Après tout, un violeur en série a sévi sur la ville durant un an…

Néanmoins, je ne m'attendais pas à cela. La cohue m'étourdit, me fait peur. Je me sens observée, une fois de plus, discrètement montrée du doigt par ces anonymes. Regardez, c'est une victime de viol. Eh bien oui, ça ressemble à ça, une victime de viol ! À une jeune femme comme tout le monde, qui pourrait être votre fille, votre amie ou une collègue de travail. Une jeune femme apeurée qui voudrait être n'importe où, sauf ici, à cet instant précis. Il est possible que ce ne soit que le fruit de mon imagination, mais en tous les cas, c'est ce que je ressens intérieurement. De la honte et rien d'autre, encore une fois. Je voudrais pouvoir glisser sous le sol ou m'évaporer dans les airs.

Des gendarmes en faction surveillent la porte de la cour d'assises. Dernière fouille avant l'accès à la salle d'audience. Je m'avance, avec ma famille.

Sylvain découvre la salle d'audience et ses dorures. Que pense-t-il de tout ça ? Il est certainement touché, impressionné de se retrouver dans ce lieu inhabituel, de voir sa sœur à gauche, avec neuf autres filles. Il met surtout pour la première fois un visage sur l'auteur des faits.

Pour la dernière fois, je prends place face à mon bourreau. Un silence oppressant plombe la salle. Ce matin, les avocats des victimes ont plaidé de façon très émouvante.

Le juge arrive, s'assied, exécute les formalités d'usage, puis commence à s'adresser à l'accusé. Ce dernier est le seul à rester debout, les mains dans le dos.

J'entends le juge, mais l'écoute à peine. Tout se brouille dans ma tête, je ne parviens pas à me concentrer. Je ne veux entendre qu'un mot, le nombre d'années. C'est tout ce qui importe. Puis enfin ça y est, c'est dit, c'est fini.

« *… à la majorité absolue reconnu coupable des faits qui vous sont reprochés. En conséquence, vous êtes* *condamné à seize années de réclusion criminelle* ». Sa voix me fait l'effet d'un glas.

Encore quelques précisions concernant son interdiction de droits civiques et civils durant huit ans, puis le fameux :

« *L'audience est levée, Messieurs, veuillez faire sortir l'accusé.* »

Sa famille semble sonnée. Je crois que sa mère pleure. Je n'y prête pas attention. Je m'en fous.

Je le regarde furtivement, puis détourne la tête. Il disparaît, menottes aux poignets. Mes larmes coulent, je suis abasourdie, soulagée, déçue. Je ne sais pas. Je ne sais plus. J'échange un regard avec mes proches. J'y perçois la compassion et le réconfort, le soulagement, peut-être. Autour de moi, tout le monde semble satisfait, des ébauches de sourire mélangées à des larmes se mêlent sur bon nombre de visages. Des mercis aux avocats, des bravos, des félicitations, des mots encourageants pour les victimes. L'assistance se lève, chacun retrouve les siens, des embrassades, des mains serrées. Je suis perdue.

La victoire du bien sur le mal.

Cependant pour moi, c'est le choc. Je ne réalise absolument pas ce qui se passe autour de moi. Je ne ressens pas de satisfaction, c'est le vide, le néant, pendant quelques minutes. Comme si j'avais quitté ce corps trop longtemps éprouvé. Physiquement, je ne peux plus rien supporter, c'est beaucoup trop dur. Moralement, je suis anéantie, je ne pense plus, ne réfléchis plus, mon esprit s'est éteint, il a besoin d'une pause. Il s'est déconnecté de la vie, de la réalité, de l'ici et maintenant.

Accompagnée de ma famille, je sors. Dehors, il y a toujours autant de monde. La nouvelle s'est déjà répandue. Seize ans. Je me sens morte. Je m'agrippe à la main de mon mari. En bas, le fourgon est entouré de journalistes qui attendent la sortie du criminel, l'appareil photo déjà prêt. Il apparaît quelques instants après, encadré par deux gendarmes. Ces derniers le poussent rapidement à l'intérieur du fourgon qui démarre aussitôt. J'ai pu l'apercevoir un bref instant. Une ultime fois.

Je reprends peu à peu mes esprits. Je suis déçue du verdict. Pourquoi pas la peine maximale ? Je ne comprends pas. Nous allons boire un café dans le bar le plus proche du palais de justice. Une grande majorité des familles des victimes semble avoir eu la même idée. Je ne supporte pas la joie des autres, satisfaits du dénouement. Ma famille me réconforte, m'explique que c'est déjà bien, qu'on ne pouvait pas espérer beaucoup plus, mais je ne suis toujours pas convaincue.

J'ai vraiment besoin de faire le vide, de me reposer, de me retrouver à la maison, avec mon mari et ma fille. Je ne veux plus voir ce tribunal, ces flics, cette ambiance, ce monde. Une fois avalé ce café amer, j'embrasse mes proches, qui m'assurent une fois encore de leur soutien, et prends congé, accompagnée de Pascal. Chacun reprend sa route, sa vie, mais chacun restera profondément marqué.

Mon père aura 50 ans après-demain. Quel terrible cadeau je lui fais…

Je reprends mon travail dès le lendemain. Je suis exténuée, mais il m'aurait été impossible de rester seule chez moi. J'ai besoin d'avoir l'esprit occupé, même si je suis incapable de me concentrer correctement sur ce que je fais. Pascal ne travaille pas loin, je le sais proche de moi.

Le week-end suivant, nous appelons Benoît pour le tenir informé du verdict. Il est soulagé et pense que la sentence m'aidera à me reconstruire.

Les journées qui suivent sont difficiles. Je ne dors presque plus. Ma fille non plus. Elle a maintenant près de 14 mois et pleure chaque nuit. Plusieurs fois par nuit, quatre, cinq, six fois, sans explication plausible. Ressent-elle mon angoisse ? Je maigris à vue d'œil. Je suis sans cesse fatiguée, mais travaille d'arrache-pied. Un vrai zombie. Je suis encore totalement obsédée par le procès. Je revois mon agresseur face à moi, le juge, la salle d'audience. J'entends sans cesse le verdict.

Pourtant, tous me l'ont répété, policiers, avocat, proches… Après le procès, une nouvelle vie doit commencer et la reconstruction peut alors faire son œuvre. C'est ce que je souhaite de tout cœur. Alors j'attends, pleine d'espoir.

Le chemin pour y parvenir sera long.

15

Dépression et reconstruction

Fin 1999-2011

Durant les mois qui suivent le procès, je m'investis énormément dans mon travail et m'efforce de laisser derrière moi cette période difficile. J'occupe toujours le même poste de chef du rayon textile depuis que nous habitons en Haute-Normandie. L'entreprise dans laquelle Pascal et moi sommes salariés a déménagé à quelques centaines de mètres et a doublé de surface peu après le procès. C'est l'idéal pour moi. Ce transfert a représenté une énorme masse de travail pour l'ensemble des équipes et a mobilisé toute mon énergie. Je suis constamment sur les rotules. J'ai seulement un après-midi de repos par semaine et pas de temps pour penser. C'est parfait. Rien de tel que le travail.

Pourtant, les choses ne sont pas aussi simples. Après le procès, je ne me sens pas mieux qu'auparavant. Mes phobies et mes angoisses sont à nouveau intensément présentes au quotidien. Peur des autres, des voisins, de la nuit, en voiture, peur qu'on frappe à ma porte, peur de n'importe qui. Peur de tout. Petit à petit, je replonge dans la dépression. Dès que je suis à la maison, je pleure pour un rien. Je suis débordée par la moindre broutille. Je me sens nulle, minable, bonne à rien. Incapable de me faire des amis. D'ailleurs, je n'en ai même pas envie. Nous commençons à fréquenter un couple de collègues, mais c'est tout.

Ma fille pleure toujours toutes les nuits, à plusieurs reprises. Cela durera quatre ans au total. Quatre années à se lever chaque nuit, pour la consoler. Au boulot, je me montre forte, mais chez moi, je suis une loque. Cependant, il est impossible pour moi d'admettre mon état. C'est une attitude courante du dépressif, qui se croit parfaitement capable de s'en sortir seul. Pas une seule fois je n'avouerai à ma famille que je déprime. Mon caractère enjoué fait le reste et je « donne le change » assez facilement. Je ne veux pas causer une peine supplémentaire à mes proches. Ils en ont suffisamment bavé. Et puis, je dois l'avouer, j'ai au fond de moi une fierté inaltérable qui me permet de ne pas m'avouer vaincue. Je refuse de montrer mes faiblesses. Je ne me plains jamais, excepté à Pascal, qui est le seul à connaître mes vrais sentiments et dont la stabilité impressionnante, autant physiquement que moralement, me réconforte au-delà des mots.

Malgré tout, mes parents ne sont pas dupes de mon attitude, et mon mari devient leur interlocuteur privilégié en les informant régulièrement de mon état. Nous nous rendons souvent à Cherbourg, ou alors mes parents viennent chez nous, et nous arrivons à nous voir presque chaque mois. C'est à l'occasion de ces rencontres qu'ils parviennent à échanger dès que je ne suis plus dans la pièce. Mes parents n'osent plus aborder le sujet avec moi, et moi non plus.

Depuis le viol, je me sens beaucoup plus agressive, plus sensible et plus renfermée sur moi-même. Je me trouve foncièrement changée, je suis devenue une autre personne. Une personne inconnue qui ne me convient pas. Je n'aimais déjà plus ce corps sali et terriblement amaigri, mais désormais, ma personnalité me déplaît également. Plus le temps passe, plus je me renferme sur moi-même. Pascal essaie toujours de m'aider comme il le peut. Il me comprend. Il me suffit. Je m'enferme dans une bulle dans laquelle il est le seul à pénétrer.

Jusqu'ici, je n'ai jamais accepté l'aide d'un médecin ou d'un thérapeute. Je n'imagine pas raconter ma vie à un étranger. Je trouve cela absolument insensé et inutile. Selon moi, personne ne peut m'aider à m'en sortir, surtout pas une personne qui n'a pas vécu ce drame à mes côtés. Psy ou pas psy. Quelle honte d'aller expliquer avoir été violée ! C'est humiliant, répugnant.

L'été 1999 arrive. Les beaux jours avec. Pour me donner le courage d'aller au travail chaque matin, j'ai une technique. Je quitte la maison au petit matin, avec une bonne demi-heure d'avance. Je dépose ma fille chez la nourrice. Puis, à 7 h 30, je suis sur le port de plaisance. Je gare ma voiture et vais marcher jusqu'au bout de la digue. J'aime quand la mer est d'huile. Elle est lisse. Le soleil est encore bas. La lumière à ce moment-là de la journée est incomparable. Je me ressource. Je suis prête alors à affronter le monde. C'est devenu un rituel quasi quotidien. À 8 heures, je prends mon poste.

Début août, nouvelle surprise. On ne s'y attendait pas. Je suis enceinte. Mes enfants auront deux ans d'écart. Je suppose que je suis contente. Mes idées sont tellement confuses en ce moment. Il me faut quelques jours pour assimiler cette grossesse. Puis je suis ravie. La naissance est prévue pour mai 2000.

Enceinte ou pas, je ne change rien à mon travail. Même rythme. Il le faut pour que je tienne. Ma grossesse me redonne le sourire. Elle m'apporte aussi quelques nausées. Je ne supporte plus l'odeur de mon shampoing, ni le café. Mais j'aime toujours autant le Nutella… si ce n'est plus !

Pour la première fois, mon gynécologue est un homme. Il m'a été conseillé par mon médecin généraliste, une femme. Pascal est contraint de m'accompagner à chaque visite, le cabinet étant situé à quarante kilomètres de chez nous. En substance, cela signifie se garer en ville, voire dans un parking. C'est impossible pour moi. Je crois me souvenir qu'une fois, Pascal n'a pas pu venir. C'est Maman qui, depuis Cherbourg, s'était déplacée pour m'accompagner…

Début décembre, nous déménageons à une dizaine de kilomètres. Nous aurons ainsi une chambre supplémentaire pour le bébé. Pascal tapisse la chambre d'un joli papier peint jaune pâle avec des petits ours rouges. Je vais donner naissance à un garçon. J'aurai le choix du roi. Enfin !

Malgré tout, le passé s'accroche à moi. Je l'ai à l'esprit en permanence. En revanche, jamais je ne pense aux autres victimes. Je crois que je n'aurais pas envie de savoir ce qu'elles deviennent. Je suis centrée sur moi-même.

Été 2002. Notre fils est maintenant un joli blondinet bouclé de 2 ans qui court tout le temps. Il a de l'énergie à revendre, alors que moi j'en manque. Pascal s'est mis à son compte dans l'immobilier depuis un an et demi déjà. Je viens de quitter mon travail pour l'aider dans sa nouvelle petite entreprise.

Nous venons encore de déménager, dans une vieille maison en pleine campagne, toujours dans la région. Tout est à refaire dedans. Nous réalisons les réfections nous-mêmes. Mes beaux-parents nous ont pris pour des fous tant les travaux étaient importants. Mais nous avons à peine 30 ans, du courage à revendre, et rien ne nous fait peur. Nous avons besoin d'action, Pascal et moi. Notre vie actuelle est rythmée par les premiers mots de notre fils, les débuts scolaires de sa sœur, la pose de carrelage, de papier peint, la prospection de notre clientèle… Cela nous convient.

Je suis souvent en proie à des moments de déprime intense, qui arrivent sans prévenir, généralement à l'automne et au printemps. Ils peuvent durer jusqu'à deux mois en moyenne, parfois plus, parfois moins. Pour autant, jamais je ne manque une seule journée de travail. Je ne me vois pas m'arrêter pour un moral en berne. J'ai un boulot, je l'assume. Je dois m'accommoder de ces passages à vide, en tout cas tant que je n'aurai pas décidé de me faire suivre par un spécialiste. Après tout, le psychologue qui m'avait rencontrée pour le procès m'avait prédit des périodes régulières de dépression plus ou moins importantes. Quant au sommeil, il est plus que capricieux avec moi, depuis bien longtemps déjà. Durant ces périodes, je me sens inutile, bonne à rien. Je pleure très souvent. J'aimerais m'endormir sans jamais me réveiller. Avec Pascal, nous connaissons parfois des tensions. Quelques disputes, comme dans tous les couples, certainement. Le plus terrible, pendant quelque temps, a été de prendre conscience que mon mari ne savait plus comment m'aider et qu'il était totalement désemparé. Pascal, celui qui a toujours été là et qui a fait ce qu'il fallait, arrivait au bout de ses capacités d'écoute et de soutien. L'amour le plus profond ne suffit pas toujours à tout résoudre… Malgré mon mètre soixante-huit, je pèse désormais quarante-sept kilos. Mon corps est décharné. Ce n'est pourtant pas faute de manger. Je suis gourmande et dévore tout ce qui me tombe sous la main.

Au bout de quelques mois, je décide de prendre des antidépresseurs et des anxiolytiques. C'est un premier pas. Je dois avouer que je me sens un peu mieux, moins tendue, moins à fleur de peau. Je parviens à craquer moins souvent. La vie devient supportable, et c'est plus agréable pour toute la famille. Petit à petit, l'espoir de surmonter ce drame reprend le dessus et le cafard s'éloigne. Mais le quotidien reste toujours difficile, un combat sans trêve. Je ressens une fêlure que je ne saurais décrire, parfois presque cicatrisée par le bonheur qui s'appliquerait comme un baume, puis, à d'autres moments, déchirée par une déprime surgissant de nulle part. Je suis alors en proie à une douleur vive, telle une plaie ouverte, et je me sens agressée par tout le monde. Je ne peux pas continuer à vivre comme ça.

Cependant, je trouve un moyen de vider un peu mon cœur et mes tripes. Cela me prend un soir, fin 2002. Une page blanche. J'aligne les lettres, les mots, les phrases. J'ai toujours aimé écrire. Cette fois, c'est différent. Les sentiments qui m'étouffent et m'atrophient s'échappent alors de moi par tous les pores de ma peau. Je raconte le viol, mon mal-être et ma colère. Je ne sais pas où cela me mènera. Puis, au fur et à mesure du temps, je m'applique car me vient l'envie de témoigner. De publier. Je l'annonce à Pascal, qui une fois de plus me prend au sérieux et m'encourage vivement. Je veux dire au monde entier ma révolte contre les criminels sexuels. Je veux crier qu'ils ne doivent jamais ressortir de prison. Je veux qu'on m'écoute. Qu'on sache à quel point ils peuvent faire souffrir, souiller, détruire. Mes insomnies m'aident beaucoup. Je passe mes nuits à écrire. Dans la journée, j'ai moins de temps, entre mon travail et mes enfants… Une fois de plus, j'optimise tout à fond, mon temps aussi. J'aime courir après le temps. J'aime l'urgence. Au début, mes doigts ne courent pas assez vite. Pas aussi vite que mes pensées. Tout se bouscule. Mon cœur bat fort, une bulle se forme autour de moi. J'adore cette sensation. C'est un sacré challenge, long et ingrat. J'écris par périodes, selon mes humeurs ou mes états de rébellion.

Trois ans plus tard, vers la fin de l'année 2005, je pose le point final. Je ne me suis jamais sentie aussi libérée qu'en écrivant. Je me retrouve. Chacun sa méthode. C'est la mienne.

Je commence alors le difficile et interminable parcours auprès des éditeurs durant plusieurs années. Je tiens à faire ce chemin totalement seule, sans aide. Il s'agit de mon combat. Je veux en ressortir grandie. Je veux montrer que malgré tout, moi aussi, je suis quelqu'un.

Seule ma famille connaît mon projet, ou plutôt, à ce stade, mon désir de publication. On m'approuve. Pourtant, une personne de ma belle-famille ironise un jour à ce sujet :

– Mais c'est un caprice de petite fille gâtée que d'écrire ! Ce n'est pas avec ça que tu feras vivre ta famille.

Heureusement, j'ai pour principe d'écouter mon instinct depuis quelques années. Et je sais être tenace.

Entre-temps, courant 2003, j'ai accepté de rencontrer régulièrement une psychologue. J'ai 29 ans, elle n'est guère plus âgée. Brune aux cheveux longs. Jolie. Sympathique. Sensible. Souriante. Le feeling passe immédiatement. Je l'ai choisie car c'est une femme. Quand je vais la voir, je ne me sens pas chez ma « psy », mais simplement chez une jeune femme à l'écoute. J'ai encore très peu d'amis à cette époque et mes sentiments vis-à-vis d'elle sont certainement confus. Je me rappelle très nettement notre première conversation. Elle m'avait invitée à m'asseoir dans un siège confortable, devant son bureau. Les rideaux lamellés étaient à demi-fermés. Le jour passait par petites tranches qui formaient des rayures sur les murs jaunes.

– Comment allez-vous ?

Sa voix était douce, engageante. Je l'avais trouvée propice à la confidence. Je m'étais lâchée.

– Bonjour. Voilà, je viens vous voir car j'ai été victime d'une agression sexuelle qualifiée de viol il y a sept ans. Je n'ai jamais rencontré de psy, mais j'ai vraiment du mal à vivre avec ça. Il faut que vous m'aidiez.

Devant son visage stupéfait, j'avais eu l'impression d'avoir lancé une bombe. Puis elle avait rapidement souri. Un sourire encourageant. J'étais rassurée. C'était dit. Elle m'aiderait.

– Très bien. Je dois vous dire que je suis surprise. Vous avez le mérite d'être directe et sans détours. En général, les patients viennent me voir, on discute et, au fil du temps, je décèle leurs problèmes. C'est ensuite seulement qu'on essaie de les traiter. En fait, avec vous, on commence par la fin ! Mais c'est parfait, tout ira bien.

– Disons plutôt que je n'ai pas envie de tourner autour du pot. Je sais précisément quel est mon problème. Autant gagner du temps. Maintenant, qu'est-ce qu'on fait ?

J'ai ainsi suivi quelques séances de thérapie, qui m'ont permis, entre autres choses, de pouvoir prononcer le mot « viol ». Il m'aura fallu attendre huit ans après les faits pour pouvoir y parvenir. J'ai découvert la relaxation. J'ai également appris comment apprivoiser mes angoisses et vivre avec. Pour cela, il n'y a qu'une seule solution. Y faire face petit à petit. Essayer par exemple de ne plus s'enfermer à clé dans la voiture, de faire ses courses à l'hypermarché à la tombée de la nuit, de se promener seule en ville. Une multitude de petits actes quotidiens qui étaient devenus impossibles pour moi.

Depuis, lorsque je me sens vraiment bien, je vis un pur bonheur. Je m'émerveille du soleil qui se lève dans le jardin, je m'extasie en entendant le chant des oiseaux au début du printemps, j'admire les fleurs qui sortent de terre. Et je regarde mes enfants grandir. Le bonheur des petits riens m'enchante plus que tout. Avec Pascal et les enfants, nous sommes plus proches que jamais, je vais mieux. Mon frère et Aurore se sont mariés. J'en suis heureuse.

Avec le temps qui passe, j'éprouve de plus en plus souvent le besoin de voir ma famille, mes parents, mon frère, ma belle-sœur. Auprès de chacun, je trouve réconfort, confiance et joie de vivre. Je me sens apaisée en leur compagnie. Quant à ma belle-sœur Aurore, elle fait partie intégrante de la famille, et nous éprouvons énormément d'affection l'une pour l'autre.

Avec Sylvain, nous avons attendu plusieurs années avant de parler de l'agression, par pudeur ou simplement par manque de mots. Il a vraiment réalisé l'importance du drame en venant assister au verdict. À partir de là, il s'en est voulu de ne pas avoir été présent plus tôt. Pour ma part, il ne me serait jamais venu à l'idée de le lui reprocher. Quelque temps après avoir terminé la première version de mon manuscrit, je lui en ai donné un exemplaire. Il l'a lu. Puis il a immédiatement exprimé le besoin impérieux qu'on se voit. Deux jours plus tard, nous sommes convenus d'un point de rendez-vous, à Paris. En terrain neutre. Seuls. Sans aucune famille autour. Nous nous sommes retrouvés, un peu mal à l'aise au début. C'était très fort. Nous avons beaucoup parlé, puis dîné au restaurant, puis à nouveau parlé presque toute la nuit. Intarissables. Il me comprenait mieux. Nous nous sommes endormis une fois que tout était dit. J'en garde un souvenir inoubliable.

Désormais, j'ai un réel besoin d'extérioriser tout ce que je ressens, le bonheur comme la douleur. Même si je ne sais pas toujours comment formuler ce besoin. En ce qui concerne la douleur, mon corps s'en charge en partie tout seul. La maladie est un moyen de rejeter tous les traumatismes. En 2006, après presque une année d'examens, de consultations et de recherches, un professeur en rhumatologie m'annonce que je suis atteinte de spondylarthrite ankylosante. Un rhumatisme inflammatoire chronique, qui met en cause des facteurs génétiques et environnementaux. Cette maladie rare se déclare juste à la fin de ma thérapie avec la psychologue. Je commence à avoir mal partout et des difficultés pour marcher tant les douleurs sont intenses, particulièrement la nuit. Cette pathologie incurable est sournoise, car elle se voit peu mais elle fatigue beaucoup. Or la fatigue augmente les douleurs et la déprime. Un vrai cercle vicieux.

En 2007, nous avons envie de renouveau, une fois de plus. Fin juin, nous déménageons, toujours en Haute-Normandie. Je suis fatiguée. J'ai le sentiment de passer ma vie à être fatiguée tout en déployant beaucoup d'énergie. C'est contradictoire mais pourtant bien réel. Mon moral n'est pas au beau fixe, sans réelle raison apparente. Comme d'habitude. Je déprime entre mes cartons de déménagement. Je dors toujours aussi mal. Les vacances de juillet devraient me retaper. Je prends une bonne dose de soleil et de farniente.

Depuis toutes ces épreuves, j'ai appris à relativiser beaucoup de choses dans la vie. Plus le temps passe, plus j'ai envie de profiter des bons moments et laisser les autres de côté.

Nous ne voyons plus beaucoup notre vieux copain Benoît. La vie est ainsi faite. Chacun prend des chemins différents. Mais pour autant, nous avons toujours de ses nouvelles de manière indirecte, par des connaissances communes. Et puis, nous savons pertinemment qu'il nous suffit de décrocher notre téléphone et qu'il répondra présent. C'est l'essentiel.

J'ai un gros défaut. Je m'ennuie très vite. Pour tout. Je hais la monotonie, la routine. Chaque travail finit par me lasser. Mon job de secrétaire avec Pascal m'ennuie.

Me rendre tous les matins, à la même heure, dans le même bureau pour travailler sur les mêmes dossiers me tue. Je n'en peux plus. Il me faut du neuf. Quelque chose d'un peu plus créatif, de plus excitant.

En fin d'année, je dégote un poste de correspondante de presse dans un quotidien régional. Je tombe par hasard sur l'annonce et j'envoie un CV et une lettre de motivation, sans trop y croire, étant donné que je n'ai aucune expérience dans le domaine. À ma grande surprise, on me rappelle très rapidement pour faire un essai, le dimanche suivant. Le lendemain, je suis embauchée !

Je suis chargée de couvrir l'actualité de deux cantons alentours. Je suis effrayée de faire de nouvelles rencontres, de me rendre dans des endroits inconnus avec des gens que je ne connais pas. Mais Pascal me pousse à essayer. Je tente. On me dit que j'ai une plume sympa. J'attaque le 2 janvier 2008. Je commence mes premiers rendez-vous, avec en permanence un inhalateur aux huiles essentielles antistress à me mettre dans le nez. Cela m'aide un peu. J'adore ce que je fais. Je revis, je vois du monde. Je réalise que j'aime le contact avec les autres, et les autres semblent m'apprécier également. Comme d'habitude, je m'y donne à fond. J'accepte toutes les propositions d'articles. Les journalistes eux-mêmes m'en confient de plus en plus intéressants. Le travail empiète sur les dimanches, les jours fériés, les soirées. En parallèle, il m'offre l'avantage d'organiser mes journées comme je le souhaite avec mes deux jeunes enfants. Je découvre le plaisir d'écrire régulièrement. Je m'éclate enfin dans quelque chose. Pourvu que ça dure ! Le temps passe et je souffre moins. J'apprends peu à peu à refaire confiance. Ma fille a 10 ans et mon fils, 8. Deux enfants épanouis, intelligents, qui excellent en classe. De ce côté au moins, tout va pour le mieux.

Mais rien n'est jamais figé dans notre vie. C'est au tour de Pascal de s'ennuyer en libéral. Il a le sentiment d'avoir fait le tour du métier d'expert immobilier. En même temps, une occasion en or s'offre à nous. Il nous faut à nouveau déménager l'année suivante. Après deux ans de bons et loyaux services dans cet univers journalistique qui m'a ouverte aux autres, je pars pour de nouvelles aventures.

Nous emménageons en 2010 à Cherbourg, où notre premier métier dans le commerce nous tend les bras. Dans cette région qui m'a vue grandir et que j'aime plus que tout, nous avons pour projet de reprendre une entreprise d'ici quelques années. Un challenge fort et intéressant. Un retour aux sources. Le bercement des origines.

C'est ma revanche sur la vie.

Pascal me l'avait promis juste quelques jours après l'agression.

– Tu es forte. Je ne sais pas encore comment, mais je te promets qu'un jour, tu auras ta revanche sur la vie. C'est toi qui gagneras. Un jour, tu feras à nouveau confiance et tu sortiras la tête haute.

Il avait raison, semble-t-il. Grâce à lui. Grâce à moi. Grâce au soutien de ma famille. Je ressors grandie. Je me sens plus forte aujourd'hui. J'aime à nouveau rire, et faire rire m'amuse encore plus. C'est plus facile d'aller mieux en présentant une meilleure image de soi-même. J'adore pratiquer l'autodérision, il n'y a rien de plus ennuyeux dans la vie que ceux qui se prennent au sérieux. Qui se croient au-dessus de tout. Je ne les supporte pas. J'aime la simplicité, l'humilité.

Je ne supporte pas non plus les gens négatifs. Ils me fatiguent, j'ai envie de leur botter les fesses et de les remuer.

Ma vie sociale est désormais plus riche, de par mon travail essentiellement pour l'instant. Je côtoie beaucoup de monde. Collègues, salariés, tierces personnes. Je m'ouvre aux autres un peu plus chaque jour. La plupart de ces personnes ne s'en rendent même pas compte, mais elles m'apportent énormément au quotidien.

Depuis toutes ces années, je n'ai cessé de m'intéresser à l'actualité concernant les affaires de mœurs ou de crimes sexuels. Au début, j'avais un peu de mal. Mais rapidement, j'ai eu besoin d'entendre, d'écouter toutes ces informations médiatisées. Chaque fois que j'entends parler de récidive en particulier, je vois rouge. Certaines affaires m'ont marquée plus que d'autres. Comme cette joggeuse, tuée en 2009, à Milly-la-Forêt. Le coupable avait déjà été condamné pour viol. Comme pour mon amie Sandra. L'affaire la plus récente, à l'heure où j'écris, est celle de la jeune Laëtitia de Pornic. Une jolie jeune fille pour laquelle tout s'est arrêté à 18 ans… Qu'ont donc tous ces types dans la tête ? Nul ne le saura jamais. Même les psychiatres ont *a priori* bien du mal à l'expliquer.

J'avais pensé il y a quelque temps m'investir au sein d'une association pour aider les femmes en détresse. Or à cette époque, je ne devais pas être suffisamment forte moi-même pour affronter les souffrances des autres. Mais ne rien faire me rongeait. Puis j'ai mûri, et la vie m'a naturellement offert l'opportunité d'apporter mon soutien à d'autres femmes. À mon tout petit niveau. Discrètement. Dans mon entourage. En publiant ce livre. Les violences faites aux femmes sont partout, tout autour de chacun d'entre nous. Il suffit d'ouvrir les yeux et les oreilles. Mon sens du devoir s'est réveillé spontanément devant certains cas. Je suis maintenant sociable, à l'écoute, et j'aime ça. Il est vrai que ce serait tellement facile de faire semblant de ne rien voir. Comme l'ont fait la plupart de mes camarades de classe, il y a près de vingt ans, avec moi… Je ne peux pas. C'est plus fort que moi. Il ne faut rien laisser passer. Je suis intransigeante.

Mon plus profond désir aujourd'hui est la reconnaissance. J'ai besoin d'être non pas reconnue en tant que victime, mais en tant que femme qui assume une fois pour toutes ce qu'elle a subi et a continué, malgré tout. Je ne veux plus avoir honte. Je ne suis pas coupable.

Plus jamais je ne permettrai à quiconque de me manquer de respect, de quelque manière que ce soit.

À Céline

Nous avons sans aucun doute
Essayé d'être à ton écoute,
Avec nos faibles moyens,
Nous t'avons assurée de notre soutien.

Mais que dire ?
Que t'écrire ?
Comment partager ta souffrance !
La pudeur est dans nos silences.

Parfois l'estomac se noue,
Et le cœur fait le fou.
Nous sentons ta peur,
Ton angoisse, ta frayeur.

Nous ne pouvons nous mettre à ta place,
Mais avec toi nous devons faire face.
Nous comprenons les choses,
Nous sommes en totale osmose.

Tu as traversé des moments difficiles,
Tu t'es battue, rien n'a été facile.
Nous t'admirons pour ton courage,
De faire de ce livre un témoignage.

Et nous te souhaitons un vif succès,
Car bien mérité.

Tes parents qui t'aiment.
Janvier 2011

Remerciements

À Pascal, mon guide, ma boussole, ma lumière, mon amour, sans qui je ne serais rien. J'ai longtemps eu peur de tout sauf de lui. Il était devenu Moi, j'aurais aimé être Lui. Grâce à lui j'ai grandi. Je revis. Aujourd'hui j'existe. Je suis à nouveau Moi.

« *I was born to be with you...* " U2

À Maman qui m'a toujours écoutée, soutenue, encouragée en dépit de sa propre douleur. Maman qui lit en moi, qui me devine, sans un mot. Elle a simplement été Maman. Tout est dit dans ce mot plein d'amour. Rien ni personne ne peut remplacer une mère.

À Papa, qui pour camoufler une souffrance indicible, affiche la sagesse, la raison, le calme. Sans en avoir conscience, il m'apaise énormément. Discret mais avisé, il lui suffit d'ouvrir la bouche pour que je suive aveuglément ses conseils. Quant à son sens de l'humour, il est un moyen de complicité.

À mes enfants qui ont fait preuve d'une extraordinaire maturité et ouverture d'esprit. Ils m'ont soutenue dans mon projet de publication. Ils savent tout de mon passé et leurs regards sur moi n'a pas changé. Je suis très fière d'eux.

À Sylvain, que sa pudeur dans l'expression de ses sentiments n'a pas empêché de me montrer combien les liens du sang sont importants.

À Aurore, qui a porté un regard différent sur moi après la lecture du manuscrit, mais pour mieux me comprendre.

À vous tous, je veux dire combien vous avez contribué à ma reconstruction et combien je vous aime.

À Benoît, un ami cher, qui ne juge pas, qui a simplement su répondre présent au moment où j'en avais le plus besoin.

À Caroline Bee, directrice de collection chez Eyrolles, qui a toujours cru en mon manuscrit, en moi. Nous avons collaboré avec intelligence, grand respect et efficacité. C'est elle qui a su me guider pour rendre ce livre « publiable ». Un grand merci.

À Juliette Dumont, responsable éditoriale chez Eyrolles, qui a su nous faire confiance à Caroline et moi-même, pour nous laisser la primeur du lancement de cette collection « ***Et si c'était vous ?*** ».

À tous ceux qui ont eu des réactions très positives à l'annonce de cette publication. Ils se reconnaîtront…

Je vous adresse à tous un immense Merci du fond du cœur.

La COLLECTION « Et si c'était vous ? »

La collection « Et si c'était vous ? » publie des témoignages sur des sujets de société qui font ou feront l'actualité, avec un souci de rigueur éditoriale et d'émotion.

Si vous avez vécu une expérience singulière et êtes l'auteur d'un manuscrit qui relate votre parcours et qui pourrait être partagé par un large public, merci d'envoyer vos textes ou votre projet d'édition à l'adresse suivante :

Éditions Eyrolles
1, rue Thénard
75005 Paris

Directrice de collection : Caroline Bee

www.ingramcontent.com/pod-product-compliance
Ingram Content Group UK Ltd.
Pitfield, Milton Keynes, MK11 3LW, UK
UKHW021043220726
13924UKWH00006B/2238